Testler

Müthiş Psikoloji

SEVME KUSURLARI

DESTEK
yayınları

DESTEK YAYINLARI: 1311
KİŞİSEL GELİŞİM: 210

MÜTHİŞ PSİKOLOJİ / SEVME KUSURLARI

Her hakkı saklıdır. Bu eserin aynen ya da özet olarak hiçbir bölümü, yayınevinin yazılı izni alınmadan kullanılamaz.

İmtiyaz Sahibi: Yelda Cumalıoğlu
Genel Yayın Yönetmeni: Ertürk Akşun
Yayın Koordinatörü: Özlem Esmergül
Editör: Özlem Esmergül
Son Okuma: Devrim Yalkut
Kapak Tasarım: İlknur Muştu
Sayfa Düzeni: Cansu Poroy
Sosyal Medya-Grafik: Tuğçe Budak - Mesud Topal

Destek Yayınları: Ağustos 2020 (20.000 Adet)
21.-30. Baskı Ağustos 2020
31.-40. Baskı: Ekim 2020
41.-45. Baskı: Ocak 2021
46.-47. Baskı: Mayıs 2021
48.-49. Baskı: Ağustos 2021
50.-51. Baskı: Eylül 2021
52.-53. Baskı: Ekim 2021
54.-55. Baskı: Kasım 2021
56.-58. Baskı: Ocak 2022
Yayıncı Sertifika No. 13226

ISBN 978-605-311-922-7

© Destek Yayınları
Abdi İpekçi Caddesi No. 31/5 Nişantaşı/İstanbul
Tel. (0) 212 252 22 42 – Faks: (0) 212 252 22 43
www.destekdukkan.com – info@destekyayinlari.com
facebook.com/DestekYayinevi
twitter.com/destekyayinlari
instagram.com/destekyayinlari
www.destekmedyagrubu.com

Destek Dukkan

Deniz Ofset – Çetin Koçak
Sertifika No. 48625
Maltepe Mahallesi
Hastane Yolu Sokak No. 1/6
Zeytinburnu / İstanbul
Tel. (0) 212 613 30 06

Müthiş Psikoloji

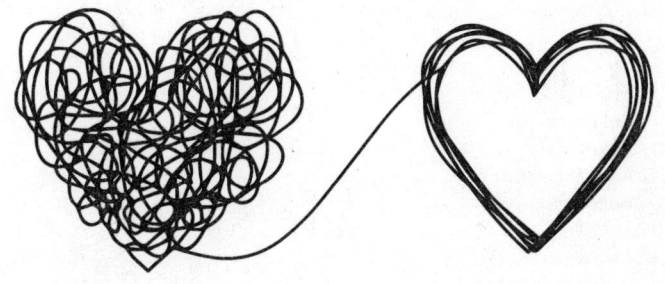

SEVME KUSURLARI

"İnsan bilmediğinin düşmanıdır."
- Farabi

🧠 **müthişpsikoloji**

DESTEK
yayınları

"Bir tanesi yüzünden, hepsini seversin..."

Küçük Prens, Antoine de Saint-Exupéry

TARİFSİZ SEVGİNİN TARİFİ

Sevginin kabul görmüş, ortak kanaatte birleşilmiş meşru bir tanımı hâlâ yok dünyada... İnsandan insana değişen türlü duyguların bile genel bir tarifi mümkünken, sevgi söz konusu olduğunda tariflerin de teşhislerin de sonu yok neredeyse.

Sevgiyi hangi yönüyle ele alırsanız alın (insan ilişkileri, doğa, hayvanlar, sistemler, inançlar vs.), gerekliliği mutluluk, huzur ve denge açısından değerli kabul edilir.

"Dünyayı sevgi kurtaracak, sevdikçe mutlu oluruz, sevgi yaşamın kaynağıdır, koşulsuz sevgi gerçektir, beklentisiz sevgi huzurun ve uyumun vazgeçilmezidir..."

Size de tanıdık geliyor mu bu cümleler?

Sayısız tarifi olmasına rağmen, sevgi hakkında dünyanın neredeyse tek ortak kanaati mutluluğun, huzurun ve dengenin buna bağlı olduğu...

Yanlış mı?

Kesinlikle değil...

Ne var ki sevgi doğuştan edinilmiş bir yetenek değil... Hatta doğrusu sevgi bir yetenek işi de değil...

Bir bilgi ve emek işi...

İşte bu yüzden tam ve keskin netlikte bir tarifi yok... Sadece sevginin mutluluk, huzur ve denge açısından gerekliliğini netlikle tarif etmek mümkün olabiliyor, ancak sevginin ne olduğu ve nasıl oluşturulabileceği hakkındaki teoriler, fikirler, inançlar ve tezler sonsuz...

Neden?

Çünkü insan sayısı kadar sevgi tarifi ortaya koymak mümkün... Her insan kendi sevgi biçimini, bilgisiyle ve emeğiyle kendi inşa eder zira.

Sevgi; parmak izi kadar özgün, ama yarattığı sonuçlar açısından evrensel bir etkidir... Bu uğurda herkesin bilgisi, emeği ve düşünce disiplini kişiye özeldir.

Sevgi kendiliğinden değildir, öğrenilendir. Dolayısıyla sevgisizlik de öğrenilmiş bir eylemdir.

"Ben sevmeyi seçiyorum" demek gayet etkili ve iyi bir motivasyon sayılabilir ama katiyen yeterli değildir... Sevgi için bilgi, emek, düşünce disiplini ve uygulama çok ama çok gereklidir.

Sevgi, inşa edilen bir deneyimdir.

Ne var ki sevginin inşası sırasında, çoğunlukla iyi niyetli bile olsa yapılan hatalar, kusurlu sevgi biçimleri ortaya çıkar. Ortada eğer kusurlu bir sevme biçimi varsa, aslında orada sevgi söz konusu dahi değildir, sadece sevgi zannedilen yanılsamalar var demektir ki iyileştirmek lazım gelir.

Mutsuzluğun da, depresyonun da, ataletin de, isteksizliğin de temelinde sevgisizlik vardır. *"Ama ben sevgi dolu bir insan olduğum halde mutlu bir hayat yaşamıyorum"* savunmasına geçmeyiniz... Üzerine birtakım anlamlar yüklediğiniz, size özel o sevgi tarifinden bahsedilmiyor burada... Sevginin bilgi, emek ve düşünce disiplini olduğunu kitap boyunca hep hatırlayın.

Doğru bilgiyi edinmek, doğru çabayı göstermek ve doğru düşünce disiplinini geliştirmek esastır...

Alman asıllı ünlü Amerikalı psikanalist Erich Fromm *Sevme Sanatı* adlı yapıtında sevginin bir "sanat" olduğu üzerinde durur. Sanat her ne kadar bir yetenek işiymiş gibi görünse de aslında bir bilgi, emek, adanmışlık, tekrar ve inanç (düşünce disiplini) işidir.

> *"Sevgiyi inşa etmek için emek vermeniz gerekir.*
> *Bir sanatçı disiplini içinde bilinçli ve uyanık olmalısınızdır."*
>
> — Erich Fromm

Düşünüş ve biliş şekliniz değiştiğinde mutsuzluk, depresyon, atalet ve isteksizlik sorunlarıyla ilgili yaşamınızda büyük farklar yaratabildiğinizi deneyimlersiniz.

> **"**
> Sevginin olduğu yerde
> mutsuzluk yoktur,
> depresyon yoktur.
> **"**

Peki, sevgi nasıl inşa edilir, sevgiyi inşa ederken yaptığımız hatalar nelerdir, sevgide kusur olur mu, sevgi sandıklarımız aslında nedir, doğru sevmek yanlış sevmek ayrımı yapılabilir mi, doğru sevgi ve yanlış sevgi kişiden kişiye değişiyorsa o zaman hangisi doğru hangisi yanlış, sevgi olmadan da mutlu olunamaz mı, çabasız sevgi mümkün değil mi, peki çabaların boşa gitmeyeceğinin bir garantisi var mı, emeklerin karşılıksız kalması riski söz konusu mu?

Bu soruların cevabını hemen verelim...

Çünkü kitabın amacı bu soruların cevabını aramak değil... Düşünüş ve biliş sistemini değiştirerek sevgiyi inşa etmek, mutsuzluğu ve depresyonu sonlandırmak...

Sevginin olduğu yerde, bu soruları sorma ihtiyacı bile kalmaz. Çünkü düşünüş ve biliş biçimi sevgiyi inşa etmek üzerine programlanmış bir zihin, bu tür kaygılar, sorunlar ve sorular doğurmaz.

Bilmeye, emek vermeye ve inşa etmeye hazırsanız başlayalım...

SEVMEK Mİ, SEVİLMEK Mİ?

Sevmek mi güzeldir sizce, sevilmek mi?

Cevabınız "Sevilmek!" mi?

Sevilmeye layık olduğunuz inancı, birilerinin sizi sevmesiyle onaylanmış oluyor böylece. Sevilmek iyi gelir, çünkü artık siz de sevgi dolu olabilirsiniz... Sevildiğiniz için sevebilirsiniz... Ne var ki artık sevilmediğinizi gördüğünüz an, sevdiğiniz her şey anlamını yitirir...

Güzel olan sevmektir...

Sevilmeyi beklemeden sevmek...

Onaylanma ihtiyacı duymadan, özgüvenle, beklentisiz sevmek...

Şimdiye kadar hangisi uğruna emek verdiğinize bakın. Sevilebilir biri olmaya mı çalıştınız hayatınız boyunca, yoksa doğru sevmeyi öğrenip mutlu ve kendinden emin bir hayat yaşamayı mı seçtiniz?

Sevilebilir biri olmayı seçmekle, "doğru" seven biri olmayı seçmek bambaşka iki sonuç yaratır. Birinde mutsuzluk, depresyon, yorgunluk, ümitsizlik, hayal kırıklığı, yalnızlık, korku ve endişe vardır, diğerindeyse mutluluk ve denge...

Sevilmeye layık bir çocuk olmak için ders çalışmak, söz dinlemek, yaramazlık yapmamak, fikrini söylemek yerine susup oturmak, itiraz etmemek, karşı çıkmamak, istemediği işi yapmak zorunda kalmak, istediği işi başka bir bahara ertelemek ya da tamamen ortadan kaldırmak...

Sevilmeye layık olmak için bütün bunları yapan bir çocuğun karşılığını almadığı sürece bir şeyi sevmesi mümkün olabilir mi?

Hayır!

İşin acıklı yanı mutsuzluğunun nereden kaynaklandığının bile farkında olmayacaktır. Sevilmeye layık bir çocuk olduğundan emin olduğu halde, neden hâlâ mutsuz hissettiğini açıklayamayacaktır kendine. Sevgiyle ilgili bir fikri, inancı ve eylemi de vardır zaten halihazırda.

Sevilebilir olmayı hak etmek, sevgiyle kurduğu tek bağdır. İyi biri olduğunda, söylenenleri yaptığında, sınıflarını geçtiğinde, kimseyi üzmediğinde, sorumluluklarını yerine getirdiğinde elde ettiği sonuç onun sevgi biçimidir artık. Kusurlu bir sevgi biçimi...

O da birilerini ya da bir şeyleri sevebilmek için sevgisine layık olabilecek olanları sevecektir. Onun sözünü dinleyen, fikirlerine karşı çıkmayan, canını sıkmayan, huzurunu bozmayan, onu tatmin eden, eğlendiren, iyi hissettiren, başarı kriterlerine uyan, üzmeyen, sorumluluklarını yerine getiren insanları sevmeye layık bulacaktır. Sonra bir de bakacaktır ki: "dünyada sevecek insan yok!" Halbuki sevmeye her an hazırdır kendisi. Sonsuz bir sevgi pınarı vardır içinde. Alabildiğine sevecektir ama buna layık kimse yoktur ne yazık ki... Dünya artık çok bozulmuştur. İnsanlar sevilmeye layık değillerdir. Herkes bencildir, kendi çıkarını düşünüyordur, çelme takıyordur, acımasızdır... Belki de en iyisi hayvanlara kendini adamasıdır. Çünkü onlar insanlar gibi bencil değildir. Doğaya kaçmak, inzivaya çekilmek gerekiyordur mutsuz olmamak için, depresyonu, ataleti ve isteksizliği yenmek için...

Toplumlar ve kültürler düzeyinde bile çeşitli sevgi biçimlerinden, daha doğrusu sevgi olduğu zannedilen paternlerden söz etmek mümkün.

Pek çok toplumda ve kültürde sevilebilir ya da diğer bir deyişle sevilmeye layık bulunan erkekler işi gücü olan, para sahibi, etrafına faydası dokunan, güçlü olan, sözü dinlenen, sorunları çözebilen, güven veren, taşkınlıkları olmayan, toplumun huzurunu bozmayan, örflere ve âdetlere çok da ters düşmeyen, inancı toplumsal inançların dışına taşmayan, sorumluluk bilincine sahip, yardımsever, paylaşmayı seven, mütevazı ama özgüvenli, ailesine bağlı, dostları, arkadaşları ve akrabalarıyla ilişkileri verimli kişiliklerdir. Bu özelliklere sahip bir erkeği sevmek herkes için kolaydır. Tabiri caizse: "Gel de sevme böyle erkeği..."

Aynı şekilde pek çok toplumda ve kültürde sevilebilir ya da diğer bir deyişle sevilmeye layık bulunan kadınlar da eli yüzü düzgün, güzel görünen, albenisi olan, bakımlı, temiz, zarif, hakkında olumsuz konuşulmayan, taşkınlık etmeyen, kulağa hoş gelen davranışları olan, ailesine bağlı, sadık, alçakgönüllü, toplumun ahlak kurallarına uygun yaşayan kişiliklerdir. Bu özelliklere sahip bir kadını sevmek de herkes için kolaydır.

Ancak burada üzerinde durulması gereken nokta bütün bunların sevgiyle hiç ama hiç ilgisinin olmamasıdır. Sevgiyle hiçbir bağı olmayan bu niteliklerin karşılığında sevgi satın alabiliyor olduğuna inanmak, fazlasıyla düşündürücü değildir de nedir?

Erkeğin ve kadının sevilmeye layık olmak uğruna sahip olması gerekiyormuş gibi görünen bu nitelikler aslında onaylanmak, takdir edilmek, başarılı olmak, etkilemek, ikna etmek, cazibe yaratmak, ilişki kurmak, karşılıklı bir alışveriş gerçekleştirmek içindir. Kısacası birilerinin hoşuna gitmek için bir şeyler yapmak ya da bir şeyleri yapmaktan vazgeçmek, doğru bir sevgi biçimi değildir. Kusurlu bir sevgi anlayışıdır.

Herkeste başka bir anlam bulan "iyi hissetme" hali, sevgi üzerinden farklı algılandığı ve farklı deneyimlendiği için sevgiyi tarif etmek hiç de kolay değil... Fakat bu durumda sevginin ne olmadığını göstermek sanki daha kolay...

Bir kez daha altını çizmek gerekirse, bu örnekteki gibi koşullu şekilde karşılıklı "iyi hissetme" hali, doğru bir sevgi biçimi değildir.

> **"**
>
> Sevgi her ne kadar başkalarıyla ya da başka şeylerle ilgiliymiş gibi görünse de tamamen kişisel bir deneyimdir. Kişinin kendi düşünüş disiplinine göre var ettiği ya da yok ettiği bir his...
>
> **"**

Dolayısıyla kitap boyunca üzerinde duracağımız temel nokta, düşünce disiplinidir. Düşünüş ve biliş sistemi yeniden kurgulandığında, böylece doğru sevme biçimi gerçekleşip kusurlu sevme biçimlerinin farkına varıldığında mutluluk ve denge başlayacaktır.

Sevgi, insan yaşamı açısından neden gereklidir?

Sevgi, insanın varoluş sorununa getirilebilecek en güçlü çözümlerden biridir. Dünya edebiyatının değerli yazarlarından Franz Kafka'nın da varoluşu bir düşünce biçimiyle "Ölümün olduğu bir dünyada hiçbir şey çok da ciddi değildir" diyerek ifade ettiği insancıl sancı da tam olarak evrensel bir insani ihtiyacı zaruri kılıyor. Aksi halde hiçbir bireyin anlamı da yok, değeri de... Bütün bu hayat sürecini değerli ve mümkün kılabilecek bir şeyler olmalı...

Ölüme mahkûm bu yalnız yaratıklar, neden var ve neden yaşama gayreti içindeler sürekli?

İnsan bilincinin derinlerinde yatan bu köklü ve çok ama çok eski "yalnızlık" duygusu, zihinde de fark edilir olduğunda duygusal bir evrim süreci başlıyor insanoğlu için... Hem de Havva ile Âdem mitlerinden itibaren...

"Yalnızlık duygusunun bilinçte belirmesi huzursuzluk yaratır... Tüm huzursuzlukların kaynağı gerçekte budur. Yalnız olmam, her şeyden kopmam, insanca duygularımı kullanamamam demektir. Böyle olunca yalnızlık, çaresizlik, dünyayı yani nesnelerle insanları canlı olarak kavrayamamak demektir. Bu nedenle yalnızlık duygusu aşırı huzursuzluk doğurur. Bundan başka utanma ve suçluluk duygusunun da kaynağıdır.

Yalnızlık duygusunun yarattığı bu suçluluk ve utanma Âdem ve Havva'nın öyküsünde de anlatılmıştır. Âdem ve Havva, iyilik ve kötülük bilgisinin ağacından bir meyve yedikten ve Tanrı'ya başkaldırdıktan, başlangıçta doğayla aralarında bulunan hayvanca uyumdan silkinip insan olduktan, başka bir deyişle insan olarak yeniden doğduktan sonra çıplak olduklarını görüp utandılar. Şimdi buradan böylesine eski ve ilkel mitte, edepli ahlak görüşlerinin bulunduğu, öykünün demek istediği önemli şeyin cinsel organların görülmesinden duyulan sıkılma duygusu olduğu sonucunu mu çıkaracağız? Bu hiç de doğru olmaz...

Öyküyü Victoria devri anlayışıyla incelersek önemli yanını göremeyiz mesela. Burada önemli olan şudur:

Erkekle kadın, kendilerinin ve birbirlerinin ayrımına vardıktan sonra yalnızlıklarının, ayrı türler olduklarının, bu nedenle de farklı olduklarının bilincine varmışlardır. Yalnızlıklarının ayrımına varmış olmakla birlikte birbirlerine daha yabancıdırlar. Çünkü birbirlerini sevmeyi öğrenmemişlerdir. Birbirlerini sevmeyi henüz öğrenmemiş olduklarını nasıl anlıyoruz? Tabii ki Âdem'in Havva'yı savunacağı yerde suçu onun üzerine atmasıyla...

Sevgiyle birleşme olmadan insanın yalnızlığını fark etmesi utanma duygusu yaratır. Bu aynı zamanda suçluluğun ve huzursuzluğun kaynağıdır...

(...)

Bebeklerde "benlik" algısı çok az gelişmiştir. Kendisiyle annesini bir sayar bebek. Annesi yanında olduğu sürece yalnızlık duymaz. Bebekteki yalnızlık duygusu, annesinin fiziksel varlığı, göğüsleri ve teniyle giderilir. Çocukta yalnızlık duygusu ve kişilik geliştikçe annesinin fiziksel varlığı yetersiz gelmeye başlar. İşte o vakit yalnızlığı başka yollarla giderme isteği belirir, artar, güçlenir.

Aynı şekilde insan soyu da bebekliğinde kendini doğayla bir saymıştır. Toprak, hayvanlar, bitkiler onun dünyasıdır *henüz. Kendini hayvanlarla bir tutar. Maske takması, totem hayvanlara ya da hayvan tanrılara tapması bu yüzdendir. Oysa bu ilkel bağlardan koptukça kendini doğadan ayrı görmeye başlar insan. İçinde yalnızlıktan kaçmanın yeni yollarını arama isteği uyanır. Büyür...*[1]

İnsanın, mutlu ve anlamlı bir yaşam için ihtiyaç duyduğu en kuvvetli çözümlerden biri sayılan sevgiyi öğrenmek zorunda olması kaçınılmaz gibi görünüyor bu durumda.

Âdem'le Havva miti, insanın sevgiye duyduğu ihtiyacı ve sevginin insan yaşamındaki gerekliliğini çarpıcı bir ifadeyle aktarması açısından fazlasıyla dikkate değer...

Erich Fromm'un bu mitle ilgili yorumu çok değerlidir. Yeri gelmişken aktaralım.

O fark ediş anına kadar birbirlerini tek ve bütün zanneden Âdem ile Havva, cinsel farklılıklarını gördükleri an, aslında aynı olmadıklarını, ayrı düştüklerini, daha doğrusu insanlaşmak için bütünden koparıldıklarını ve yabancılaştırıldıklarını fark ettiklerinde, insanlık tarihi boyunca sürüp gidecek olan bir deneyime terk edildiler. Yeniden bir ve bütün olmak için, o güçlü birleşmenin huzuruna ve güvenine ulaşmak uğruna yabancılıklarına rağmen birbirlerini sevmeyi öğrenmek zorunda bırakıldılar.

Bu mitin alt metnini incelikli okuyabilmek çok değerli... İnsan zihninin, ölümlü bir dünyada huzura, anlama ve mutluluğa ulaşması için güçlü ve etkili bir duygusal evrime ihtiyacı vardı ki sevmeyi öğrenmeleri, hayatı değerli ve anlamlı kıldı.

Sevgi, sözünü ettiğimiz mitin de işaret ettiği gibi insana kalp gibi, göz gibi, mide gibi, beyin gibi doğuştan yerleştirilmiş bir uzuv değil... Ancak insan zihni sevmeyi öğrenmeye

1. *Sevme Sanatı*, Erich Fromm, Kibele Yayınevi, Çev. Nermin Tunç, 1996

yatkın beceride... Sevgiyi öğrenmeyi başardığında hayatının her alanında huzuru, mutluluğu, dengeyi, uyumu, güveni ve anlamı deneyimler.

Kısacası, insanın ölüm karşısındaki yalnızlığı ve çaresizliği yaşamın içinde insanın insanla ve doğayla birleşmesi arzusunu doğurmaktadır ki insanla ve doğayla birleşerek anlamlı ve mutlu bir hayat yaşayabilmek, sevgiyi öğrenmekle mümkün olabilir ancak.

YAŞAMSAL BAĞ

Temiz bir havayla, suyla, gıdayla ve uykuyla bir insanın tek başına fiziksel olarak yaşamını sürdürmeye devam etmesi gayet mümkün gibi geliyor kulağa değil mi? Ne var ki zihinsel ve ruhsal olarak salt bunlarla insani özelliklerini koruması ve geliştirmesi imkânsız.

19. yüzyıldan bu yana evrensel olarak insanın bireyselliği üzerinde anlam aranıyor olsa da, insan sosyallikle anlam bulan bir canlıdır. Birey olarak değerli bir "sosyal" yaratıktır. Yaratılış destanında bile insan birey olarak, tek başına yaşam mücadelesine terk edilmez. İnsan hiçbir yerde tek başına tarif edilmez. Âdem ile Havva miti bile insanın yaratılışından itibaren yalnız olmadığının ve olamayacağının, yaşamsal olarak muhakkak ilişki bağlarına ihtiyaç duyacağının göndermeleriyle doludur.

Hayatta kalmak yemeyle, içmeyle, havayla, barınmayla ve uykuyla ilgili olabilir ancak yaşamaya devam etmek duygu bağlarıyla, sevgi köprüleriyle mümkündür. Hayatta kalmakla yaşamaya devam etmek aynı şeyler değildir.

İlişkilerini yitiren, yalnızlaşan insan yaşadığını hissetmez. Dolayısıyla anlam arayışlarına düşer. Kısa süreli de olsa kendini iyi hissettiği, tamlık ve bütünlük yakaladığı bağımlılıklara yönelir. Madde bağımlılığı, kariyer, başarı, iş, para, kazanç, beğeni, takdir edilme, onay ve ilgi bağımlılığı... Adının ne olduğunun bir önemi yok. Bütün bunlar ilişkilerini yani duygusal bağlarını, sevgiyle iletişimini yitirmiş "birey" olmuş insanın sorunudur.

Evde yalnız yaşama oranı giderek yükselen ülkelerde intihar vakalarının da artıyor oluşu dikkat çekicidir ve araştırmak üzere, gündeme getirilen meselelerdendir.

> **"**
>
> Sevgi bağı insanca ve mutlu yaşamak için zaruri biri ihtiyaçtır. Sevgi zannedilen ilişkiler silsilesinin ve bağımlılıklar kaosunun insani iyileşme yolunda faydası olmadığı gibi zararı olacaktır. Sevmek konusundaki kusurlarımızı fark edip her birini tek tek ortadan kaldırdığımızda sevgiyi öğrenmeye başlıyor olacağız...
>
> **"**

Sevmek, insanın yaşamsal açıdan sorumluluk almasıdır.

Sorumluluklar da elbette ki emek, çaba, çalışmak, öğrenmek, bilgi edinmek ve eylem ortaya koymakla ilgilidir. Üstelik bilinçli eylemler...

Anlam istemi üzerine inşa edilmiş varoluşçu terapi yöntemlerinden biri sayılan ve yaşamın en kötü koşullarda bile potansiyel olarak var olduğunu temel alan "logoterapi"nin kurucusu Viktor E. Frankl'ın *İnsanın Anlam Arayışı* adlı kitabında da özellikle değindiği gibi, kimse kimseye hayatın anlamının ne olduğunu tarif edemez. Hayatın anlamı kişiden kişiye farklılık gösterir ve herkes kendi hayatının anlamını oluşturmak ya da bulmak yolunda kendine karşı sorumludur.

"Logoterapiye göre yaşamın anlamını üç farklı yoldan keşfedebiliriz:

1. Bir eser yaratarak ya da bir iş yaparak...

2. Bir şey yaşayarak ya da bir insanla etkileşerek...

3. Kaçınılmaz acıya yönelik bir tavır geliştirerek...

Bunlardan ilki yani başarı yolu oldukça açıktır. İkinci ve üçüncüsü biraz daha ayrıntı gerektirmektedir.

Yaşamda anlam bulmanın ikinci yolu bir şey –iyilik, doğruluk, güzellik gibi– yaşamak, doğayı ve kültürü yaşamak, son ve bir o kadar önemlisi de olanca eşsizliğiyle bir insanı yaşamaktır. Yani onu sevmektir.

Bir başka insanı, kişiliğinin en derindeki çekirdeğinden kavramanın tek yolu sevgidir. Sevmediği sürece hiç kimse, bir başka insanın özünün tam olarak farkına varamaz. Sevgi yoluyla insan, sevilen kişideki temel kişilik özelliklerini ve eğilimlerini görebilecek duruma gelir ve dahası, ondaki gerçekleşmemiş olan ancak gerçekleştirilmesi gereken potansiyelleri görür. Ayrıca sevgi yoluyla kişi, sevdiği insanın bu potansiyelleri gerçekleştirmesini sağlar. Sevdiği insanın ne olabileceğinin ve ne olması gerektiğinin farkına varmasını sağlayarak potansiyellerini gerçekleştirmesini sağlar."[2]

---

2. *İnsanın Anlam Arayışı*, Viktor E. Frankl, Okuyanus Yayınları, Çev. Selçuk Budak, Mart 2018

SEVGİYLE BİLGİ ARASINDAKİ İLİŞKİ

"İnsan, bilmediğinin düşmanıdır..."

— Farabi

Büyük İslam filozoflarından Farabi, bilgiye verdiği değerle tanınan dünyaca ünlü bir düşünürdür.

Farabi'nin *"İnsan bilmediğinin düşmanıdır"* derken işaret ettiği o *"bilmeme"* hali, uzun uzadıya üzerinde durup düşünmeyi hak edecek kadar önemli bir konu... Hatta başlı başına bir kitap içeriği dahi sayılabilir.

Bilmek ya da bilmemek, duygusal ve düşünsel bir sonuç yaratmak yolunda temel kıstaslardan biridir.

İnsan bildiğini sever, bilmediğine ise düşman olur. Çünkü bilinmezlik her zaman için insan yaşamını tehdit eder. Bilinç, bilmediği her şeye karşı mesafeli, temkinli hatta tepkilidir.

Düşmanlıktan anladığımız şeyler farklıysa yerine başka bir kelime de seçebiliriz tabii ki... İsterseniz "İnsan bildiğini sever, bilmediğine karşı ise mesafeli ve ihtiyatlı olur" diyelim mesela.

Farabi'nin de kıymetli bir entelektüel olarak bu cümlesinde kastettiği "düşmanlık", bilinmeyene kin beslemek ve ona zarar vermeye çalışmak değildir.

Bir durumu, bir nesneyi ya da bir canlıyı bilmemenin karşısında insan bilincinin takınacağı düşmanlık, ona yabancılaşmak ve bu yabancılığın bedelini ödemekten başka bir şey değildir. Kin beslemek, zarar vermek, düşmanlık etmek, intikam almak insan bilincinin hayatta kalmak için sahip olduğu doğal refleksler değildir. Zaman içinde besleyip geliştirdiği bir düşünce bozukluğudur.

Sevgiyle bilgi arasındaki bağlantıyı kolay anlatabilmek için örnekleyelim... Derinliğini bilmediğiniz, emin olmadığınız suya atlamazsınız değil mi?

Bilinmezliklerle dolu o suya atlamayı düşünmek bile huzursuz eder sizi, kaygılanırsınız, bin türlü kötü olasılık belirir zihninizde. Belki sığ bir sudur. Tepe üstü atladığınızda boynunuz kırılacak, kötürüm kalacaksınızdır ya da öleceksinizdir. Belki çok derindir ama yüksekten atladığınızda bedeniniz suya sertçe çarpacaktır ve betona düşmüşsünüz gibi zarar göreceksinizdir. Tanımadığınız su, sizi ölüm tehlikesi karşısında kaygılı, mutsuz, huzursuz hissettirir. Bunu düşünüyor olmak bile canınızı sıkar. Belki başka bir yere gitmeyi geçirirsiniz içinizden. Sevdiklerinizin de suya atlamasına itiraz edersiniz. Onların cesareti sizi daha da gerer, iyice paniklersiniz. Onları durdurmayı başaramazsanız biri bir bilinmeze atlayıverecektir gözünüzün önünde. Suya atlamamak için verdiğiniz mücadele ne kadar uzun sürerse o kadar derin bir korku izi kazırsınız hafızanıza. Yıllar sonra bile ne zaman o tatilden bahsedilecek olsa hatırladığınız tek şey bilinmezliklerle dolu o suya atlamamak ve sevdiklerinizin de atlamaması yolunda verdiğiniz canhıraş mücadeleniz olur. Hatırladığınızda bile gerilir, stres yaşar, mutsuz hissedersiniz.

Kendi başınıza da sevdiklerinizin başına da kötü hiçbir şey gelmediği halde bilinmezliklerle dolu o yamacı ve dibindeki suyu bir türlü sevmezsiniz. Ne yaparsanız yapın olmaz. Bilmediğiniz şeye karşı her zaman temkinli, mesafeli ve tepkili olursunuz.

Ne zaman ki suyun derinliğinden, güvenliğinden ve yaşayacağınız atlama deneyiminin keyfinden emin olursunuz, işte ancak o vakit sevgi duyarsınız. Artık biliyorsunuzdur orayı ve o deneyimi... En iyi bildiğiniz ve en keyif aldığınız yerdir orası... Onlarca yüzlerce kez atlayıp büyük zevk almışsınızdır. En sevdiğiniz an, o yüksek yamaçtan özgürce atlayıp serin suya zevkle dalıp yüzmektir.

"Köpeklerden nefret ederim, hiç sevmiyorum!" diyen birini ele alalım... Köpekleri bilmek konusunda emek harcamayan kişi olarak tarif edebiliriz onu ya da diğer bir deyişle bu yolda bilgiyi de emeği de reddediyordur. Belki köpeklerle ilgili kötü bir deneyime sahiptir, belki saldırıya uğramıştır ya da sevdiklerinin başına köpekle ilgili olumsuz bir iş gelmiştir ve bu kötü deneyim yüzünden bütün köpeklerle ilgili genel bir karara varmıştır, ayrıca kararını da uygulamaya koymuştur. Minicik bir yavru köpek bile görse yolunu değiştiriyordur. "Köpekleri sevmiyorum!" diyerek kendini ve sevdiklerini zihinsel bir manipülasyonla kendince koruma altına almıştır. Artık köpekleri bilmek de tanımak da istemiyordur. Arkadaşının sevimli, uysal, cana yakın, zararsız köpeğine karşı da kapalıdır. Köpekler onun için bilmezliklerle ve tehlikelerle doludur.

Arkadaşı ona "İyi ama benim köpeğim bilinmezliklerle ve tehlikelerle dolu değil... Onu sev, besle, kucağına yatmasına izin ver, bak nasıl da seveceksin. Onu tanıdıkça daha da çok seveceksin" dese de, bu konuda emek harcamayacaksa, bilmek için, öğrenmek için vakit ayırmayacaksa, köpeklerle ilgili sahip olduğu düşünce disiplinini sorgulamayacaksa, orada sevgiden söz etmemiz mümkün olmayacaktır. Çünkü o kişinin zihni, sahip olduğu bedeni sağlıkla hayatta tutmak için bilinmeze karşı tedbirli ve mesafeli davranıyordur. Bunun için de derhal bir düşünce sistemi geliştirmiştir. Mesela "Bilmediğim şeyi sevmem, duygusal yakınlık kurmam, buna bir şekilde engel olurum, o şeyden uzak dururum, böylece hayatta kalırım, zarar görmem..." demiştir.

Hayatın her alanında, her konuyla ilgili bilgiyle sevgi arasında kuvvetli bağlar olduğunu görmek mümkün... Hayvanlarla ilgili sevgi bağları da dahil... Hayvanları tanıyan, bilen, bilmek için emek ve zaman harcayan kişi, saldırgan olan hayvanı hemen tanır, hayvanın neden saldırma ihtiyacı duyduğu bilgisine de sahiptir. Vahşi doğadaki hayvanlardan çekinmeyen, aralarında durup onlarla vakit geçiren veterinerleri, zoologları, belgeselcileri düşünün... Var ettikleri sevginin arkasında uzun yıllara ve deneyimlere dayanan emekleri ve bilgileri yatıyordur. Tehdit altında olup olmadıklarını bilirler, buna göre tedbirlerini alırlar. Saldırgan olduğu için hayvanlardan nefret etmezler ya da sevimli ve zararsız bulduklarına sevgi besleyip tehlikeli olanlara öfke ve korku duymazlar.

Vahşi hayvanlarla yerlerde yuvarlanarak oyunlar oynamak bir sevgi gösterisi değildir onlar için... O vahşi hayvanın doğasını bilmek, tanımak, anlamak için öğrenmek, araştırmak, zaman ayırmak, emek vermek, hayvanı vahşi olduğu için suçlamamak, korkmamak, vahşi doğasına rağmen onun karşısında gösterişsiz bir korkusuzluk içinde olmaktır. Bu yüzden aşırı sevgi gösterilerinin içindeki sevgiyi de sorguluyor olacağız ilerleyen bölümlerde. Çünkü aşırı sevgi gösterileri de bir tür yanılsamadır, hatta kusurdur.

"Ben vahşi hayvanları tanımak için hiç emek vermedim, zamanımı buna ayırmadım ama onlara âşığım... Hepsini çok ama çok seviyorum..." diyenler sevgiyle bilgi arasında aslında bağ olmadığını iddia edebilirler. Ne var ki bunun adı sevgi değil,

saygıdır... Hayvanın varlığına duyulan saygı... Yaşam hakkına duyulan saygı... Doğasına duyulan saygı...

Sevgiyle saygı bu yüzden çoğunlukla birbirine karıştırılır. Sevginin, bilgiyle, emekle ve düşünce disipliniyle ilgili olduğunu kitap boyunca defalarca tekrarlamakta sakınca yok...

Sevgiyle saygı arasındaki ayrımın farkında olmak çok değerli...

Saygı duyduğunuz her şeyi sevdiğinize ikna etmeye çalışabilirsiniz kendinizi hatta bunu başarabilirsiniz de ama sevginin emekle ilgili olduğu hakikati değişmeyecektir.

Sevginin olduğu yerde korku yoktur. Cesur olmaktan, gözü pek davranmaktan, kahramanlık yapmaktan söz etmiyoruz. Cesur olmakla korkusuz olmak aynı şey değil...

Bir yerde sevgi olup olmadığını sınayabileceğiniz en güçlü kıstas korkudur.

Hayvanlardan mı korkuyorsunuz?

Yalnızlıktan mı korkuyorsunuz?

Sevdiğiniz birini kaybetmekten mi korkuyorsunuz?

Aldatılmaktan mı korkuyorsunuz?

Terk edilmekten mi korkuyorsunuz?

Başaramamaktan mı korkuyorsunuz?

Onaylanmamaktan mı korkuyorsunuz?

Sevilmemekten mi korkuyorsunuz?

Kaza yapmaktan mı korkuyorsunuz?

Başınıza kötü bir iş geleceğinden mi korkuyorsunuz?

Yanılıyor olmaktan mı korkuyorsunuz?

Haksız çıkmaktan mı korkuyorsunuz?

Reddedilmekten mi korkuyorsunuz?

Bütün bu korkuların genel olarak bir açıklaması olabilir:

Sevgi zannettiğiniz şeyle, gerçek sevgiyi karıştırıyorsunuzdur. Korkunun olduğu yerde sevgi yoktur.

Bu yüzden korktuğunuz şeyle ilgili bilgiye, öğrenmek için emek harcamaya, kendinize zaman ayırmaya ve düşünce disiplininizi yeniden kurgulayıp zihninize yerleştirmeye ihtiyacınız vardır.

> **"**
>
> Unutmayın ki sevmek değerlidir ama çok sevmek de ciddi bir kusurdur. Çok severek bile sevgiden uzaklaşıyor, korkular inşa ediyor, kendi ellerinizle büyük mutsuzluklar yaratıyor olabilirsiniz.
>
> **"**

BİR KUSURLU SEVME BİÇİMİ HİKÂYESİ-I

Haftalardır bu görüşmeye hazırlanıyordu Nilgün... Nihayet bir yayınevi dosyasını değerlendirmiş, görüşme için davet etmişti onu ofise. İçinde çok uzun yıllarını geçirdiği reklam sektörü hakkında yazdıklarının fazlasıyla beğenilmiş olduğunu umuyordu içten içe.

Öyle ya, beğenmeseler neden görüşmeye çağırsınlardı ki? Belki binlerce dosya gelip geçiyordu ellerinden. Sürekli okuyor, inceliyor, değerlendirme yapıyor olmalılardı. Büyük mesai... Basmayacakları kitap için yazarıyla görüşme yapmaya vakitleri mi vardır sanki?

"Yok, yok!" diye düşündü Nilgün... Heyecan içindeydi. Metrodan caddeye çıkan merdivenleri yürüyerek tırmanıvermişti bir nefeste... Kendi bile inanamıyordu içindeki bu gizli güce... "Şahane bir görüşme olacak bu..." dedi içinden. "Kesinlikle kitabımı basmak istediklerini söyleyecekler. Şartları konuşmak için çağırıyor olmalılar beni. Hem arayan editör de buna benzer bir şey söylememiş miydi? Dosyanızla ilgili görüşmeye davet etmek istedik sizi demişti... Daha doğrusu dosyanızı değerlendirdik, uygun olduğunuzda sizi yayınevimize davet edebilir miyiz?"

Evet... Evet...

Aynen böyle demişti, kendini editör olarak tanıtan kız.

Hay Allah, burada biraz sakin kalıp düşünmesi mi gerekiyordu yoksa?

"Dosyanızla ilgili görüşelim" dememişlerdi ona, "Değerlendirdik" demişlerdi sadece. Yani aslında sadece bir değerlendirme üzerine görüşmeye davet edilmişti Nilgün.

Durup dururken aklı karışmıştı işte.

Yok canım!

Ne anlama gelirdi ki bu?

"Değerlendirdik ve basmamaya karar verdik!" de diyebilirler miydi yani?

Mümkün değil!

Binlerce insanı hayır cevabını vermek için ofislerinde ağırlıyor olamazlardı herhalde.

Acaba kendini her şeye hazırlamalı mıydı Nilgün?

Belki de dosyayla ilgili bile konuşmayacaklardı onunla, belki reklamcılıkla ilgili bir şey öğrenmek isteyeceklerdi, olamaz mı?

Sonuçta özgeçmişi de ekliydi dosyasında. Uzun yıllardır büyük bir reklam firmasının metin yazarlığı bölümünde, yaratıcı ekiple çalıştığı belliydi. Elbette yayınevleri de ticari kurumlar sayılırlardı ve reklamcılık alanından hiç de uzak değillerdi.

"İster misin yeni bastıkları kitapların reklam kampanyalarıyla ilgili çalıştığım şirketle temasa geçmek istediklerini, beni de bu yüzden davet ettiklerini söylesinler?" diye geçirdi içinden Nilgün. "Aklımı yitiririm, camdan atarım kendimi!"

Harbiye'de yayınevinin bulunduğu sokağa girmişti artık. Çok değil, birkaç adım sonra kapının önündeydi. Metrodan indiğinden beri epey yürüdüğünün farkında bile değildi. Nefes nefese kalmıştı... Üstelik çok da yorgun hissetti kendini birden.

Düşünmekten kafası çatlayacaktı artık. Buraya gelene kadar nasıl da sıkılmıştı canı... Halbuki evden çıkarken ne kadar heyecanlı ve mutluydu. Kalbi duracak kadar coşkulu hissediyordu kendini. Ara sokakların birinde tepesinden aşağı içi çekirdek kabuklarıyla dolu masa örtüsünü silkeleyen kadına bile sinirlenmemişti. Oysa şimdi biri merhaba dese "Ne demek istedin sen?" diye alınganlık gösterebilir, belki altı üstü bir merhaba yüzünden kavgaya bile tutuşabilirdi.

Ne olmuştu da gelene kadar yitirmişti içindeki hoşgörüyü, anlayışı ve toleransı? Sanki biri kötü bir şey söyledi, önünü kesti, hakaret etti, çelme taktı, cüzdanını çaldı...

Başı da ağrımaya başlamıştı işte...

"Stres..." dedi kendi kendine. "Çok sıktım kendimi."

Eski neşesine kavuşmak için hareketli bir şarkı mırıldanmaya başlamıştı zili çalarken ama nafile...

"Kötü şeyler düşünme Nilgün, kötü düşünme, kötü düşünme... Kendi reklamları için seni niye çağırsınlar? Acemi mi bunlar? Bunca yıldır hiç mi reklam şirketleriyle çalışmadılar? Aptal aptal düşünme. Canını sıkma. No stres. No stres..." diye sayıklayıp durdu apartmanın önünde giriş kapısının açılmasını beklerken.

Derken bir "çıt" sesi işitti.

Çıt!

Evet... İçeri girebilirdi artık.

Hayallerine açılacak olan kapı aralanmıştı bile...

Derin bir nefes alıp toparlandı Nilgün. Sakin görünecekti. Sürekli gülümseyecekti. Her ne teklif ederlerse etsinler hemen üzerine atlamayacaktı. Düşünmek için zaman isteyecekti. Soğukkanlı ama kibar bir kadın izlenimi bırakmak istiyordu karşısındaki insanlarda...

İyi ama daha kırk beş dakika vardı görüşme saatine.

"Hay Allah!" dedi.

Bu kadar erken gelmese miydi acaba? Zile de basmıştı artık geri dönemezdi ki. "Keşke bir kafede oturup bekleseydim, bu kadar hevesli ve amatör görünmeseydim" diye geçirdi içinden.

Eski tip bir asansörle üst kata çıktı çaresiz.

Efkan Bey'le görüşmesi olduğunu söyledi ofis telefonunu kulağına küpe gibi takmış görünen sekreter kıza.

Kızın suratsızlığı ne kadar da can sıkıcıydı öyle... Yorgun ve bunalmış görünüyor. Kimseye tahammülü kalmamış sanki... Çay bile istenmez bundan. Hoş, o da sormaz zaten.

"Efkan Bey'in başka bir toplantısı var" dedi sekreter kız. "Erken gelmişsiniz, bekleyeceksiniz biraz."

"Farkındayım..." dedi Nilgün, yüzünde zoraki bir gülümsemeyle. "Beklerim, sorun yok."

Giriş kısmında, sekreter masasının hemen önünde duran iki sandalyeden birine oturdu. Bu suratsız kızın karşısında durup kırk beş dakika bekleyecek olmak düşüncesi iyice canını sıktı Nilgün'ün... Neden başka bir bekleme salonu yoktu ki? Boş bir toplantı odası da olurdu.

Ortam gayet sakin ve şık göründü gözüne. Aralık kapıların ardından keyifli insan sesleri işitiliyordu. Zaman zaman küçük gülüşmeler çalınıyordu kulağa, bardağa hafifçe vuran çay kaşıkları ve konuşmaların arasında sakince çevrilen sayfaların sesleri...

İster istemez suratsız sekreterle göz göze geldiklerinde mecburen halinden memnunmuş gibi gülümsemek zorunda kalıyordu Nilgün. Üstelik susamıştı da... Geldiğinden beri kimse "Bir şey içer misiniz?" diye sormamıştı.

Ara sıra birileri geliyor, güler yüzle karşılanıyor, hal hatır soruluyor, hiç bekletilmeden hemen içeri alınıyordu. Sekreter kızın tanıdık yüzleri karşılarken gülümseyebiliyor ve tatlı dille sohbet edebiliyor olduğunu görünce bu soğuk ve mesafeli tavrı sadece yabancılara karşı takındığını düşündü.

Yarım saat geçmişti neredeyse... Son on beş dakika... Sık dişini Nilgün... Enerjini düşürme hiç...

Yine kapının zili çalışmıştı işte... Ne çok insan gelip gidiyordu buraya... Kalabalık yerlerde varlık göstermenin zor olacağını düşünmeye başlamıştı Nilgün... Bu kadar büyük ve kalabalık bir yayıneviyle çalışmaktansa ona daha çok zaman ve emek ayırabilecek daha küçük ama butik işler yapan bir kurumla çalışmayı mı tercih etmeliydi acaba? "Kalabalık kadrolu yerlerde öncelikli olanlar hep çok kazandıranlar, çok satanlar, çok tanınanlar olur, bizim telefonumuzu bile açmaz bunlar!" diye düşündü Nilgün.

İçeri giren uzun boylu, yaşlıca bir adam önce sekreter kızı sonra Nilgün'ü selamlamıştı. Gayet şık, bakımlı ve zarif bir adama benziyordu. Aynı ortamda bulunduğu yabancıları da selamlamasını bilecek kadar da görgülü ve kibardı. Ne hoş...

Giderek görünmez bir eşyaya dönüşmeye başladığına ikna olmuştu neredeyse Nilgün. Şimdi bu kibar adamın selamıyla aslında hâlâ göze batan bir kütlesi olduğundan emin olabilirdi.

Efkan Bey'i göreceğini söyleyen adam da Nilgün'ün karşısına geçip oturdu.

Suratsız sekreter, "Ne içersiniz doktor bey?" diye sordu hiç bekletmeden. Su istediğini söyledi yeni misafir.

"Bana ne zaman soracaksınız acaba?" dedi Nilgün beklenmedik bir çıkışla. "Yarım saattir burada oturuyorum."

Buz gibi bir hava esmişti ortamda. Etrafa yayılan keyifli insan sesleri bile kesilivermişti o an. Herkes kapalı kapıların ardında merakla neler olacağını beklemeye başlamıştı.

Sekreter kız ne diyeceğini bilemedi bir an.

"Size ne içeceğinizi sormadım mı ben?" dedi kekeleyerek. "Sanki sordum ve siz de bir şey istemediğinizi söylediniz."

"Rüya mı görüyorsunuz siz?" diye çıkıştı Nilgün. "Ben öyle bir sahne hatırlamıyorum ama... Yayınevinde çalıştığınız süre boyunca kurguculuğu ve hayalperestliği öğrenmişsiniz iyice. Sahiden de burada herkes bir kitabın içinde yaşıyor gibi. Gerçek dünyayla kimsenin ilgisi yok."

"Anlamadım?" dedi sekreter kız. Her halinden belliydi mahcubiyeti. Durumu nasıl toparlayabileceğinin derdine düşmüştü. "Ben sahiden de size sorduğumu düşündüm. İnanın hiç farkında değilim. Kusura bakmayın. Bugün biraz zor bir gün de... Lütfen siz de bir şey için. Dilerseniz bir Türk kahvesi de yaptırabilirim."

"Sadece su içmek istiyorum" dedi Nilgün... Bu kararlı ve mağrur tavrından bir adım geri atmaya niyeti yoktu ama kızın mahcup olup özür dileyeceğini de düşünmemişti hiç. Onun da aynı suratsızlığını sürdürerek karşı koyacağını, laf yetiştireceğini sanmıştı.

"Dönek!" dedi içinden. "Bu kız tam bir dönek! Zoru görünce anında geri basıyor. Kişiliksiz biri. Hemen mağduru oynamaya başladı. Tehlikeli insan tipi."

Sekreter kız misafirlerine birer bardak soğuk su ve Türk kahvesi söyledi hemen. Bir kez daha özür diledi Nilgün'den. Ama hâlâ suratsızdı işte.

Yaşlı adam hüzünlü bir tebessümle baktı Nilgün'ün yüzüne. Anlayışlı olmasını dileyerek "Zor bir gün geçiriyor..." dedi sekreter kızı kastederek. "Katiyen bu kadar dalgın değildir."

"Benim için de kolay bir gün sayılmaz..." diye karşılık verdi Nilgün. "Ayrıca hanımefendi bir dolu misafir ağırladı, gayet güler yüzlü karşıladı, enerjisi oldukça yerinde. Ben de görünmez değilim, malum. Üstelik hanımefendinin masasının başındayım. Gözden uzak, gönülden uzak bir durum da yok. Fazlasıyla görüş alanına giriyorum kendisinin."

Bu sırada sekreter kız elinde bir kutu çikolata ve yanında hizmetli hanımla döndü misafirlerinin yanına. İkisine de servislerini yapıp birer de çikolata ikram ederek affedilmeyi rica etti.

Nilgün, sadece suyunu alıp içmeyi tercih etmişti, kızın özrünü kabul etmediğini ifade etmek ister gibi.

Yaşlı adam kahvesinden bir yudum almıştı ki sekreter kız Efkan Bey'in kendisini beklediği haberini verdi.

"Hay Allah..." dedi adam. "İçeride içeyim o halde."

Servisini Efkan Bey'in odasına isteyip gitti. Randevu saatinin on dakika geçtiğini fark eden Nilgün, kendine daha fazla hâkim olamayacağını hissediyordu artık.

"Benim randevum on dakika geçti bile..." dedi. "Tam bir saattir burada oturuyorum. Beyefendi nasıl olur da benden önce girer?"

Sekreter kız ne diyeceğini bilemiyor gibiydi.

"Özel bir durum bu..." diyebildi, hakkında konuşamayacağı bir konunun içinde olduğunu ifade etmek isteyerek. "Ama çok kısa sürecek emin olun. Bunun olması gerekiyordu maalesef. Çünkü Efkan Bey pek..."

"Çünkü Efkan Bey saygısız adamın teki. Tıpkı buradaki herkes gibi. Saygısız bir kurum burası. Ukala bir kurum..." demek geliyordu içinden ama sustu.

"Peki..." deyip oturdu yerine.

Bin pişman olmuştu buraya geldiği için. "Zaten doğru düzgün bir yayınevi olsaydı bizi bulmazdı" diye düşündü. "Burası mı gerçekleştirecek yani benim hayalimi? Eksik olsun. İçeri gireceğim ve kibarca bu yayınevinde olmak istemediğimi söyleyip çıkacağım."

Efkan Bey tam bir saat bekletmişti Nilgün'ü. Çoktan çekip gidecekti ama iki çift lafı vardı ne de olsa, içinde kalmasın diye sabırla beklemeye devam etti. Erken geldiği zamanı da hesaba kattığında, uzun zamandır üzerinde çalıştığı kitabının görüşmesini iki saate yakın bir süre sekreter masasının başında sadece su içerek bekleyeceğini hayal etmediğini düşündü.

Efkan Bey'in odasına davet edildiğinde patlamak üzereydi artık. Zoraki bir tebessümle adamın elini sıkıp gösterilen yere oturdu. İfadesiz bir yüzü vardı Efkan Bey'in. Ciddi ve mesafeliydi. Beklettiği için özür dileyerek başladı görüşmeye.

"İşlerim uzadı biraz..." diyerek kapadı hemen konuyu. "Yayınevimizle paylaştığınız dosyayla ilgili konuşmak istedik sizinle."

İki saattir sekreter masasında beklemiş olmasının hiçbir önemi yokmuş gibi konunun hemen kapatılmasına daha da gücenmişti Nilgün. Artık aynı yere geri de dönemezdi. Konu basılacak olan kitabıydı şu an, dışarıda kendi içinde ne yaşadığı değil.

Efkan Bey kitabı beğendiklerini ve basmak istediklerini söyledi. Anlaşma şartları hakkında bilgi verdi önden. Nilgün'ün keyfi yerine gelmişti birkaç dakika sonra. Sekreter masasında beklerken neler yaşadığını bile unutmuştu neredeyse. Yine de tuhaf bir şekilde mutlu hissetmiyordu kendini. Ne yaparsa yapsın evden çıktığındaki gibi yüksek değildi içindeki coşku.

Bu huzursuzluğun, ona doğru bir yayınevinde olmadığının işaretini verdiğini düşünmeye başlamıştı artık. Her şey yolunda gibi göründüğü halde, sanki olması gereken yerde değilmiş gibi geliyordu.

Kitabın daha fazla okuyucuya ulaşması açısından bazı bölümlerdeki soğuk ve didaktik anlatımın biraz daha yumuşatılması dışında hiçbir önerisi yoktu Efkan Bey'in.

"Ama bu benim üslubum..." dedi Nilgün, kararlı bir tavırla. "Değiştirmek istemem."

"Dilerseniz bir editör yardımcı olabilir size."

"Benim bir stilim var ama..." diye direndi Nilgün. "Bence editörlerin teknik bir bakış açısı olduğu için özgünlüğü bozulabilir."

"Editör teknik eleman değildir ama. Yanlış biliyorsunuz..." diyerek konuyu açıklamaya çalıştı Efkan Bey.

Nilgün, her açıklamayı duymazdan gelip sürdürdü savunmasını. Sonunda yeni toplantısına geçmek zorunda olduğunu söyleyen Efkan Bey'in, aynı nezaketi kendine göstermediğini hatırladı. Bu tavra "kibarca adam kovmak" adını koydu.

Kapıdan çıkarken kesinlikle bu yayınevinde olmak istemediğine karar vermişti.

Kapıdaki sekreter kız, tanımadığı birine onu büyüten anneannesini bir iki gün önce kaybettiği için kendini iyi hissetmediğini, cenaze evinde olmaya dayanamadığı için işe geldiğini ama bunun bile üzüntüsünü bir nebze olsun azaltamadığını, anneannesinin evinde mutlu bir çocuk olarak büyüdüğü günler aklına sürekli gelip gittiği için bazen hiçbir işe odaklanamadığını anlatamadığı için üzgündü Nilgün'ün arkasından bakarken.

Yeni misafirini ağırlayan Efkan Bey, bir önceki toplantıda son kararı yazarın kendine bıraktığı için etik olarak ortada bir sorun olmadığını düşündüğünden kaygısız ve rahattı. Aklı kimseye takılıp kalmamıştı. Ne var ki kanser tedavisi gördüğünü, ziyaretine gelen doktorun yayınevinin çok sevilen bir yazarı olduğunu, aynı zamanda kendisini de tedavi ettiğini, bugün çat kapı gelmesinde de yapılan son testleriyle ilgili kaygılarının etkili olduğunu, geçerken uğrayıp yeni ilaçlarını vermek istediğini tanımadığı bir kadına açıklamak istemediği için, az önceki yazar hanımefendinin bu kurumla çalışmama kararı aldığından habersizdi.

> **"**
>
> Sevmek zaman ayırmaktır, boş zamanları doldurmak değil...
>
> – Robin Sharma
>
> **"**

AŞIRI GENELLEME VE YARGILAMA
BİR SEVME KUSURUDUR

Aşırı genelleme, kusurlu bir düşünme şeklidir ve ne yazık ki kişinin kendini kendi eliyle sabote etmesine ya da maniple etmesine neden olur.

Bir olay, durum ya da deneyim üzerinden hızlıca bir kanaate varmak, hemen arkasından bu kanaatle ilgili genel bir yargı oluşturmak, tarafsız bir zihinle düşünüldüğünde hiç de "mantıklı" değildir.

Sekreter kızın soğuk ve düşüncesiz bir tavır içinde olduğunu gözlemledikten sonra derhal kızın aslında "tehlikeli bir tip, dönek ve kişiliksiz" olduğu kanaatine varmak, hikâyeyi perde arkasındaki dinamiklerle okuyup anladıktan sonra mantıklı geliyor mu size?

Hayır.

Bir insansın tehlikeli bir tip, dönek ve kişiliksiz sayılması için elimizdeki veriler yeterli mi sizce?

Dilerseniz elimizdeki verilere bir daha bakalım.

Kız suratsız, ne içersiniz diye sormadı bile, kulağında telefonla geziyor, yorgun ve bıkkın görünüyor, başkalarına gülüyor ama masasında bekleyen misafirin varlığının farkında bile değilmiş gibi davranıyor.

Bu noktada kızın tehlikeli bir tip, dönek ve kişiliksiz olduğu yargısına varmamız "mantıklı" mı?

Hayır, hiç mantıklı değil.

Peki, elimizde daha ne kadar veri olsaydı biz sekter kızın bütün bu özelliklere sahip olduğu konusunda Nilgün'le hemfikir olurduk?

Kavgacı olsaydı mesela?

Şikâyet etseydi?

Misafire iftira atsaydı?

Şiddete maruz kaldığını iddia etseydi?

Herkesin içinde hüngür hüngür ağlamaya başlasaydı?

İşte o zaman Nilgün'ün kız hakkındaki yargısında sonuna kadar haklı olduğunu düşünebilir miydik?

Düşünemezdik.

Hiçbirimiz sekreter kızı tanımıyoruz. Ona zaman ayırmadık, emek vermedik, onunla aramızda bağ kurmadık. Onu sevmeyi henüz öğrenmedik.

Peki, hepimiz sekreter kızı sevmek zorunda mıyız?

Herkesle aramızda duygu bağları oluşturmamız mı gerekiyor?

Kesinlikle hayır.

İşte şimdi çok önemli bir noktaya geldik bile. Burayı doğru anlamak çok değerli olacak.

Nilgün'ün sekreter kızı sevmeyi öğrenmesi gerekmiyor. Bunun için ona zaman ve emek ayırmak zorunda da değil. Ancak her insan, tanıştığı andan itibaren karşısındaki kişiye zihinsel olarak bir çıpa atar. Onunla ilgili bir kanaat geliştirir. Tıpkı Nilgün'ün sekreter kızı gözlemleyip hakkında birtakım yargılara varması gibi.

Çünkü insan beyni örüntülerle çalışır. İlkel beyin, hayatta kalmak için bütün verileri depolar. Bir ara sokaktan geçerken hırsızlığa maruz kalınmışsa, beyin bütün ara sokaklara karşı temkinlidir bundan sonra. Ara sokaklarla ilgili hızlıca yargıya varır. Tehlikeli olabileceği sinyalini verir. Beynin depoladığı bilgileri sorgulayarak ortaya çıkardığı veriler, tehlike karşısında savaşma ya da kaçma kararını derhal verebilmek içindir.

Küçük bir sahil kasabasında nadiren görülen zehirli bir balık tarafından ısırılırsanız ve bu yüzden alerji olursanız ya da tedavi görürseniz artık dünyanın dörtte üçünü kaplayan denizler hakkında beyninizin kurduğu örüntü, denizin tehlikelerle dolu olduğudur. Küçük bir sahil kasabasından yola çıkarak bütün okyanusları da içine alan geniş bir yargıya ulaşırsınız günün sonunda. "Deniz, zehirli balıklarla dolu. Her an zehirlenebilirim!"

Hayatta kalmak ve tehlikelerden korunmak için beynin sahip olduğu eşsiz becerilerden biridir "örüntüler kurma" becerisi.

Nilgün de belli ki reklamcılık dünyasında mesafeli davranan, surat asan, görmezden gelen pek çok insan gördü ve bütün bunların insanların kendi işlerine konsantre olup kendilerini dışarıya tamamen kapamalarından kaynaklanmadığına karar verdi. Beyninde bütün bunların "tehlikeli ve dönek bir tip" olmakla ilgili örüntüsü yer alıyor. Dolayısıyla yayınevindeki sekreter kız hakkında da daha önceki deneyimlerinden dolayı beyninde yer alan örüntüler devreye girdiğinde hemen bir çıkarım yaptı. Böylece aralarındaki iletişime ilk darbeyi indirdi.

Nilgün'ün zihinsel olarak sahip olduğu örüntülerden dolayı bir yargıya varması yanlış değil, ortada bir "savaş ya da kaç" tehdidi olmadığını fark ettiği halde bu yargıyı sürdürmeye devam etmesi bir kusur.

"Yargı" bir sevme kusurudur. Sevmeyi zorlaştırır, yanlış yönlendirir, maniple eder, sarsar, geciktirir, hata yaptırır ve bütün bunların sonunda da tabii ki "mutsuz" kılar.

Dikkat edin!

Karşı tarafı değil, sizi mutsuz eder.

Nilgün, vardığı yargılar yüzünden önce hislerinin değişmesine neden oldu. Mutlu ve coşkulu bir kadınken ofise vardıktan sonra gerildi, huzursuz ve stresli hissetti. Hisleri değişince düşünceleri de değişmeye başladı. Düşünceleri değişince tepkileri ve kararları da değişti.

Başkası hakkında geliştirdiği yargı, o başkasını değil, kendini maniple etti ve her şeyin yolunda gittiği bir işi batırdı.

Dolayısıyla sevgi, karşı tarafla ilgili değildir, kişinin tamamen kendiyle ilgilidir.

Nilgün, sekreter kızla ilgili onun tehlikeli, dönek ve kişiliksiz olduğu yargısına varmasaydı, kızın nasıl göründüğünü ve nasıl davrandığını kişiselleştirerek gözlemlemeyecekti. Kızın her tutumunun kendisiyle ilgili olduğu hissine kapılmaya başladı giderek. Çünkü onun başkalarına güler yüzlü, sıcakkanlı ve saygılı davranabildiğini gördü. Kızın içten içe ona savaş açtığı kanaatine varıp, bütün duygu ve düşünce sistemini altüst etti. Zihnine stres yükleyen bir savunma alanı yaratıp içten içe mücadele etmeye başladı kızla.

Yel değirmenlerine kılıç sallamaktan çok da farklı olmayan, yorucu ve gereksiz bir mücadele.

Oysa durum hiç de sandığı gibi değildi. Sekreter kızın kendine sakladığı bir matemi vardı. Olmayabilirdi de, sahiden de Nilgün'e karşı sebepsiz yere bir tavır takınmış da olabilirdi, sonuç Nilgün açısından bir "yıkım" olduktan sonra ne önemi var?

Başkasının ne yaşadığı ya da ne yaşamadığı değil, sizin bir düşünce hatasına düşmekten kendinizi sakınıp sakınmamanız fark yaratır.

Bu yüzden mutluluk karşı tarafla ilgili değil, sizinle ilgili diye tarif edilir çok zaman.

Sekreter kızın bir matemi de olabilir, olmayabilir de, bütün insanlara karşı öfkeli ve mesafeli de olabilir, sadece Nilgün'e karşı soğuk ve saygısız da olabilir.

Fark etmez.

Mühim olan yargılarınızda haklı olup olmamanız değil, yargınıza rağmen düşünce şeklinize karar vermeniz.

İşte budur emek vermek!

İşte budur sevgi.

Başkasına şuursuzca emek vermek, saçını süpürge etmek, hayatını gözden çıkarmak, seviyor görünüp birini yok etmek, fedakârlıkta sınır tanımamak sevgi değildir, korku, kaygı ve bağımlılıktır.

Nilgün eğer sekreter kız hakkındaki yargısını sorgulasaydı, bu konuda kendi zihnine emek verseydi, yargının manipülasyona yol açabileceğine uyansaydı, doğru ya da yanlış kızın tutumunu üzerine alınmamayı seçseydi, onu kendi doğruları ve yanlışları içinde olduğu gibi kabul etseydi, yargısını geri alsaydı, yayınevinin de "yanlış" olduğu genellemesine varmazdı, düşünceleri yüzünden duyguları değişmezdi, duyguları yüzünden tepkileri değişmezdi, tepkileri yüzünden hayal ettiği projeyi yok etmiş olmazdı.

Burada mesele Nilgün'ün kızı yanlış anlayıp anlamaması değil, olumsuz anlamayı tercih etmesi ve bunu sürdürmesi.

"Yargı" konusundaki reflekslerinizi gözden geçirin. Önemli ya da önemsiz konu yoktur. Hangi alanda olursa olsun ne kadar yargılı olup olmadığınızı anlamak yolunda kendinize emek verin. Bunun adı sevgiyi öğrenmektir işte.

Birini ya da bir şeyleri sevmeyi öğrenmeye çalışmaktan söz etmiyoruz, sevgiyi öğrenmeye çalışmaktan söz ediyoruz. İkisi aynı şey değil.

Dolayısıyla Nilgün'ün de sevgi konusundaki beceriksizliği sekreter kızla ilgili değil, kendine verdiği ya da vermediği emekle ilgili, bu konudaki bilgisizliğiyle ilgili. Nilgün'ün sekter kızı sevmeyi öğrenmesi gerekmiyor, sevgiyi öğrenmesi gerekiyor.

Öncelikle "yargı" meselesini enine boyuna ele almalı. Belki bunun üzerinde okumalar yapmalı, düşünmeli. Her davranışı, her olayı ya da her durumu kişiselleştirmenin "mantıklı" olmadığını, bilakis bunun hayatı sahte bir cehenneme çevirebileceğini anlamalı.

Aşırı genelleme de bir sevme kusurudur ve bütün düşünce hataları birer sevme kusuru sayılabilir. Dolayısıyla aşırı genelleme bir tür düşünce hatasıdır.

Sekreteri suratsız ve saygısız bulan Nilgün'ün yayınevi hakkındaki görüşünün de bir anda değişip "Burası saygısız ve ukala bir kurum!" genellemesine varması "mantıklı" sayılamayacağından elbette hatalı bir düşünce biçimi olarak kabul edilebilir.

Hangi konuda olursa olsun aşırı genellemeler başlı başına hatalıdır. Bu tuzağa düşmeyin, hiçbir aşırı genellemeyi doğru olarak kabul etmeyin.

Dilerseniz hayatın olağan akışına karışmış, giderek fark edilmez hale gelmiş, hatta çoğu toplumsal düzeyde kabul bile görmüş birtakım aşırı genellemelere yakından bakalım.

"Bütün erkekler çapkındır."

Sizce mantıklı bir genelleme mi? Dört erkek arkadaşınızın da sizi aldatması dünya genelindeki bütün erkekleri kapsayan bu yargıya ulaşmamız için yeterli mi?

O halde bütün erkeklerin çapkın olduğunu düşünüp, hepsine karşı temkinli ve tavırlı olmayı tercih etmek ya da uzak durmak sizce mantıklı sayılır mı?

Elbette sayılmaz.

Bütün erkeklerin çapkın olması mümkün değil. Ama çapkın olanları seçebiliyor olmak tabii ki mümkün.

"Kadınlar anlaşılmaz varlıklardır."

Peki, bu sizce mantıklı bir genelleme mi? Hayatınıza giren bütün kadınların, anlaşılamadıkları için mutsuz olduklarını söyleyip gitmeleri dünyadaki bütün kadınların anlaşılmaz olduğu yargısına ulaşmamız için yeterli mi?

Bütün kadınların anlaşılmaz yaratıklar olduklarını düşünüp hepsine karşı tavırlı, dikkatli, anlayışsız ve mesafeli olmayı tercih etmek mantıklı mı?

Elbette değil. Çünkü anlaşılmaktan ya da anlaşılamamaktan kastedilenin ne olduğunu bile bilmiyoruz. Bu kadar göreceli bir meseleyle ilgili dünyanın bütün kadınlarını içine alan genellemeler yapmamız hatalı bir düşünce şekli değil mi?

Bu düşünceyi zihnin iktidarına alarak, konuyla ilgili hisler deneyimlemeye başladığımızda ve bu hislerimizin tetiklediği birtakım davranışlar ortaya koyduğumuzda sizce hayatımızda yaratacağımız sonuç ne olur? Elbette, kadınların dünyanın en anlaşılmaz ve en karmaşık yaratıkları olduğu sonucuna vardığımız tecrübeler inşa ediyor oluruz.

"Toplu taşıtlarda yaşlılara yer vermeyen bütün gençler saygısızdır!"

Bir defa "saygı" toplumdan topluma, kültürden kütlere içerik değiştiren, son derece göreceli bir kavram. Saygıdan kimin ne anladığı farklılık gösterir. Saygı konusu tartışılırken, peşinden muhakkak yargılama meselesi de gelecektir. Toplu taşıtlarda yaşlılara yer vermeyen bütün gençleri saygısız bulmak, sadece aşırı bir genelleme değil aynı zamanda bir tür yargılamadır da. Daha önce de belirtildiği gibi yargılamanın olduğu yerde sevginin var olması mümkün değildir. Yargılamanın perde arkasında her zaman bir suçlama ve cezalandırma isteği vardır.

"Aşk dünyanın en güzel duygusudur."

İster istemez "Buna kim, nasıl karar verdi acaba?" diye sormak bile gelebilir içinizden. Aşkın dünyanın en güzel duygusu olduğu elbette dayanaksız bir genellemedir. Aşırı bir genellemedir. Zira güzellikten kimin ne anladığı da başkalık gösterir. Dolayısıyla aşk duyusu herkeste aynı yüksek duyguya yol açamaz. Ayrıca aşkın kabul görmüş tarifini kim yapmış da milyarlarca insanı içine alabilen bir aşırı genellemeye dahi gidebilmiş?

"Beyaz gelinlik giymek her genç kızın hayalidir."

"Hayır efendim değildir!" diyebildiğinize göre bu karşı tezinizin arkasını doldurabilecek bir dolu argümana sahipsinizdir. Elbette, beyaz gelinlik giymek her genç kızın hayalidir diye bir aşırı genellemeye gitmek yanlıştır, dayanaksızdır, mantıklı değildir. Bu genellemeyi bir düşünce biçimi olarak kabul ettiğinizde, evlilik konusunda birtakım olumlu hisler ve beklentiler oluşturmaya başlarsınız, dolayısıyla evlenmeye her an hazır ve istekli olduğunuz yolunda birtakım davranışlar ve tutumlar geliştirir, kararlar verirsiniz. Beklentileriniz tatmin olmadığında ya da geciktiğinde hayatınızın hep eksik ya da bir tarafınızın hep yarım kaldığına kanaat getirir, kendinizi mutsuz hissedersiniz. Mantıksız bir aşırı genelleme, hayatınızla ilgili vereceğiniz önemli kararları bile etkiliyor olur, üstelik yanlış etkiliyor olur. Hayatın anlamını evlilik kurumunun içinde aramayan milyarlarca insan olduğu gerçeğini hatırlarsak, bu aşırı genellemeyi bir düşünce biçimi olarak kabul etmek zaten yeterince mantıksız gelecektir.

"Her kadın anne olmak ister."

Aşırı genellemelerin sınırlarını daralttığımızda, bir genellemeyi mantıklı kılmış olmayız. Mesela "Her kadın anne olmak ister" aşırı genellemesi yerine "Kadınların çoğu anne olmak ister" dediğimizde mantıklı bir genelleme ortaya koymuş olmayız. Konuyla ilgili istatistiki araştırmalar yapılsa bile her kadının bu konuda kendine karşı bile yeterince dürüst davranmamış olabileceği ihtimali her zaman mümkün olduğu için, kesin ve kati bir genellemeye istatistiksel verilerle bile ulaşamayız.

Her kadının ya da kadınların çoğunun anne olmak istediği genellemelerinden yola çıkarak, kişisel bir düşünce biçimi oluşturmak mantıklı olmaz. Aşırı genellemeler konusunda her zaman mantıktan yana olmayı tercih edin. Arada bir tane bile küçük kaçak yaşanması mümkünse eğer, artık bir genelleme yapmamız mümkün olmaz.

Bütün kadınlar anne olmak istiyor olabilir mi?

Olamaz değil mi?

İçlerinden bir tanesi bile anneliği düşünmüyorsa, bu genelleme hükümsüzdür artık.

"Hepimizin aşka ihtiyacı var."

"Yok artık!" demeye başlamışsınızdır artık muhtemelen.

"Çocuklar yaramazdır."

"Yaramazlıktan anladığınız ne?" diye sorduğunuzda bile kâğıttan bir kule gibi darmadağın yıkılacak bir aşırı genelleme.

"Annesiz büyüyen çocukların hepsi sorunludur."

Ne bilimsel bir dayanağı var ne sosyolojik bir dayanağı. Annesiz büyüdüğü için psikolojik sorunlar yaşıyor ya da yaşamış olanlar olabilir, ancak hepsinin muhakkak bir sorunla mücadele ettiği genellemesine gidebilir miyiz?

Tabii ki gidemeyiz.

Görüldüğü üzere aşırı genellemeler, hatalı düşünce sistemlerine yol açabiliyor. Düşüncelerin hisleri, hislerin de davranışları etkilediğini düşündüğümüzde, dayanaksız genellemelerin yarattığımız sonuçları nasıl da etkilediğini tahayyül bile etmekte zorlanabiliriz.

Kısacası aşırı genelleme bir sevme kusurudur. Bir deneyimden dolayı, herkesi ve her şeyi kocaman bir genellemenin içine hapsetmek hem mantıklı değildir hem de eğitimli bir zihnin tasavvuru olamaz.

> **"**
>
> Sevginin içinde,
> birinden dolayı
> hepsini kategorize
> etmek yoktur.
>
> **"**

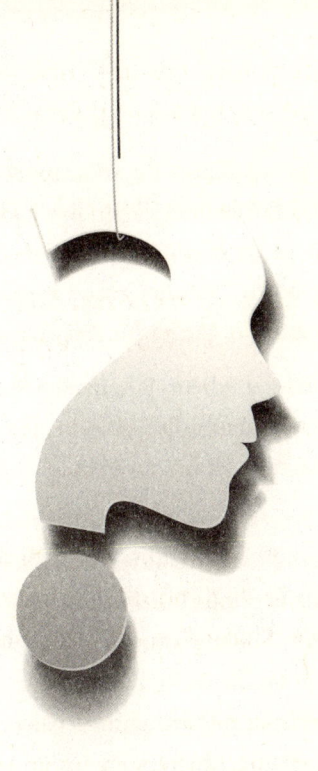

Test:

*Bırak Olduğu Gibi
Gelsin Hayat*

 **SORU 1:**

Film zevkine çok güvendiğiniz bir arkadaşınız var. Ne güzel. Çok şanslısınız. Önerdiği filmlerle ilgili şimdiye kadar olumsuz düşüncelere kapıldığınız ya da izlediğinize pişman olduğunuz bir film bile yok. Yine bir akşam "Sinema gecesi yapalım mı?" diye davet etti sizi. Seve seve gittiniz. Meğer bir sürprizi varmış size.

Yepyeni bir ekolden söz ediyor. Sinemada yepyeni bir dil. Birlikte izleyip üzerine tartışmak istiyor sizinle. Heyecanlandınız tabii ki. Sinema üzerine bilgi dolu, entelektüel sohbetler yapmaktan hoşlanıyorsunuz.

Arkadaşınızın önerdiği yeni ekolden filmi oturup izlediniz. Hay Allah! Ne tuhaf bir ekolmüş bu! Film üç saati geçti. Üstelik hiç de iyi gelmedi size. Sinema otoritelerinin alkış tuttuğu, hatta belki ödüllendirdiği bu filmle ilgili kafanız iyice karıştı. İzlemeye devam edemeyeceğinizi düşündüğünüz halde arkadaşınız kırılır diye susup devam ettiniz. Of ne kötü bir gece! Üstelik ne mısır var ne de içecek. Bu film böyle izlenirmiş sözde. Âdet işte. Nereden bileceksiniz? Ona da tamam dediniz.

Dakikalar geçmek bilmiyor. Saniyeler, saatlerden uzun geliyor. Neyse ki çok şükür, her şeyin bir sonu var. Er ya da geç, bitti bu gece. Pek keyfiniz yok ama. İlk kez bir sinema gecesi bu kadar verimsiz ve tatsız. Canınız ne film hakkında konuşmak istedi ne de biraz daha oturmak. Film biter bitmez saatin geç olduğunu, başka zaman konuşup tartışmasını yapabileceğinizi söyleyip çıktınız. Sonra öğrendiniz ki arkadaşınız sinemadaki bu yeni ekole bayılmış. "Ne olur gel, bir tane daha izleyelim" diye davet ediyor sizi. Hem diğer filmle de ilgili konuşmadınız daha. "Biraz sinema tartışırız, sonra da filmi izleriz, sen bayılırsın filmler hakkında konuşmaya" diyor. Düşündünüz, düşündünüz ve bir karar verdiniz.

İşte o kararınız ne olurdu?

a) Film izlerken mısır yok, cips yok, içecek yok. Hiç keyifli bir süreç değil benim açımdan. Üstelik "sinemada yeni ekol" dedikleri bu tür hiç bana göre değil. Çok uzun, çok sıkıcı, çok zor. Zaten filmden sonra sohbet de edemiyoruz. Anlamsız bir vakit kaybı. Hiç değilse bir iki gün keyfim yerinde olsun. Sonra yine giderim ve bu işkenceye arkadaşımın hatırına bir kez daha katlanırım. Ama bu gece mümkünse evde kalıp televizyon izlemek ve erkenden uyumak istiyorum.

b) Çok sıkıcı bir geceydi ama bir şansı daha hak ediyor olabilir. Sonuçta arkadaşımın film zevkine güveniyorum. Belki havamda değildim, belki henüz bu tür filmler nasıl izlenir bilmiyorum. Sonuçta film izlemeyi ve birlikte vakit geçirmeyi seviyorum. Biraz zaman tanıyabilirim kendime. Çok sıkılırsam bu kez söylerim. Başka film izlemek istediğimi ifade ederim.

c) Arkadaşım artık iyi filmler seçemiyor. Benim için sinema geceleri artık sona ermiştir.

d) Lamı cimi yok. Bu kez kendi mısırımı, cipsimi ve içeceklerimi kendim alırım, sinema gecesine seve seve giderim. Sinemada tanımadığım bir türü hemen sevmek zorunda değilim. Hatta sevmek zorunda da değilim. Ama kabul. Bu türden filmler de çekiliyor. İkincisini neden izlemeyeyim ki? Belki bir sürprizle karşılaşırım bu kez. Eşsiz bir tat alırım. Olamaz mı?

 **SORU 2:**

Ah şu iş çıkışı saatlerinde toplu taşıtların hali hep içler acısı! Herkes üst üste üzüm salkımı gibi binmiş birbirinin omzuna. Dakikalar boyunca metrobüs sırası beklediniz. İtiş kakış güçlükle denk geldiniz biniş kapısına. Kan ter içinde kendinizi attınız içeri. Ah o da ne! Boş bir koltuk! Hemen geçip oturdunuz ve derin bir "Oh!" çektiniz. En azından eve gidene kadar rahatsınız. Kulaklığınızda en sevdiğiniz şarkıları dinleyerek yolculuk yapacaksınız. Artık aracın içindeki o itiş kakış umurunuzda bile değil. Kendi küçük dünyanıza çekiliverdiniz.

Çok geçmeden ayakta seyahat eden genç bir adamın zorlandığını fark ettiniz. Birkaç kişiden yer istedi ama kimse vermedi. Sonra size kaydı bakışları. Gerildiğinizi hissettiniz. Yerinizi vermenizi rica etti sizden ama bu hiç hoşunuza gitmedi. Son durağa kadar bu hıncahınç kalabalığın ortasında genç bir adamı rahat ettirmek için kendiniz ıstırap çekmeyi göze alamadınız. Kibarca yerinizi veremeyeceğinizi söylediniz. "Genç adam sonuçta, neden yerimi vereyim ki? Ben de en az onun kadar yorgunum!" diye düşündünüz. Fakat birkaç durak sonra araçtan inen genç adamın bir bacağının olmadığını fark ettiniz. Kalabalıktan dolayı bunu görememişsiniz. Görünce hem üzüldünüz hem de pişman oldunuz.

Bundan sonraki yolculuklarınızda tutumunuz ne olurdu?

a) Toplu taşıtlarda yerimi isteyen herkesin derdini anlamam mümkün değil. Kiminin fiziksel rahatsızlıkları var kiminin görünmeyen rahatsızlıkları var. Kimin neden oturmak istediğini bilemem ki. Ayrıca görünmeyen rahatsızlığı olduğunu söyleyenlere neden inanayım? Belki yalan söylüyor.

Ben yardıma ve oturmaya ihtiyaç duyanlara elimden geleni yaparım. Ama kimsenin doktoru değilim sonuçta. Onlarca insan var metrobüste. Gençlerin hepsi başını cama yaslamış uyuyor. Biraz da onlar düşünsün. Hep ben mi duyarlı olmak zorundayım?

b) Toplu taşıtlarla yaptığım yolculuklar sırasında benden yer isteyen insanlara kesinlikle artık daha çok dikkat ederim. Neden oturmaya ihtiyaç duyduğunu anlamaya çalışırım. Sahiden de iyi görünmüyorsa ya da gözle görülür bir rahatsızlığı varsa, genç ya da yaşlı olması fark etmez, benden yerimi istediği an, ne kadar zorlanacak olsam da kalkarım.

c) Ben de yorgunum ve kendimi iyi hissetmiyorum sonuçta. Kimse kalkıp bana yer vermiyor ama. Ben de kimse için kalkamam yerimden.

d) İster genç, ister yaşlı, ister hasta, ister sağlıklı olsun hiç önemli değil. Her kim benden yerimi isterse seve seve kalkar veririm. Kimin neden oturmak istediğini bilemem. Belki sahiden rahatsızdır ve ben bunu göremiyorumdur. Belki rahatsız değildir ve sadece kendini iyi hissetmek için oturmak istiyordur, bunu da bilemem ki. Ne sebeple yerimi istediğini sorgulamam, benden bunu istediğine göre kendince bir sebebi olduğunu düşünürüm ve "Hayhay" derim.

SORU 3:

Artık yeni bir köpeğiniz var, hayırlı olsun. Barınaktan bir hayvan sahiplenmek çok mutlu ediyor sizi. Terk edilmiş bir köpeğin yol arkadaşı oldunuz, ne hoş. Tabii ki birbirinize alışma süreciniz olacaktır. Ne o sizi tanıyor ne de siz onu. Birlikte keyifli zamanlar geçirmeye başlamanız çok güzel elbette. Köpeğinize zaman ayırıyorsunuz, hassasiyetlerini takip ediyorsunuz. Ancak siz ne kadar dikkatli davransanız da kontrol edemediğiniz bir süreç yaşandı ve köpek sizi ısırdı. Hem de ummadığınız anda, ummadığınız şekilde, çok canınızı yakarak. Bu yüzden hastaneye gidip yüzünüze dikiş attırmak zorunda bile kaldınız. Belki hayatınız boyunca yüzünüzden silinmeyecek bir iz taşıyor olacaksınız bundan sonra. Yaşadığınız korku ve şaşkınlık da işin cabası.

Hastaneden sonra eve dönerken hayli düşünceliydiniz. Barınaktan aldığınız köpekle ilgili bir karar vermeniz gerekiyordu.

Verdiğiniz karar ne olurdu. Bundan sonra neler olurdu?

a) Sonuçta travmaları olan bir köpek sahiplendim. Beklenmedik tepkiler göstermesi çok doğal. İçinde kim bilir neler yaşıyor. Onu anlıyorum, suçlamıyorum ama bundan sonra aynı evde bu saldırı riskiyle yaşamam da mümkün değil. İçimde hep bir korku olacak. Üstelik yüzümdeki dikiş izi daha da tedirgin ediyor beni. Böylesine huzursuz ve gergin bir hayatı kabul edemem. Onu barınağa geri götürüp veririm. Başka bir köpek de sahiplenmem artık.

b) Barınaktan sahiplendiğim için hangi köpeğin hangi acıları içinde taşıdığını bilemem. Tabii ki kontrol edilemeyen tepkiler ortaya çıkabilir. Ama aynı köpekle aynı evde ya-şamam mümkün değil bundan sonra. Onu barınağa geri götürürüm, yerine başka bir köpek alırım. Yaşadığım bu olumsuz deneyimden sonra bir daha köpek beslemeyecek değilim.

c) Yüzümdeki yara izi yüzünden kendimi çok mutsuz his-sediyorum. Bir daha hayatımın sonuna kadar ne evime bir köpek alırım ne de başkasının köpeğine dokunurum. Bun-dan sonra benim için hayvanlarla iletişim kurmak, tamamen sona ermiştir.

d) Eve döndüğümde köpeğime sarılırım. Kendini suçlu hissetmesini istemem. Yüzümdeki birkaç parça dikiş iziyle baş etmenin bir yolu bulunur elbet. Biz kader arkadaşıyız. Onun bir suçu yok. Doğasını yaşıyor sadece. Belki biraz daha dikkatli olmam gerekir bundan sonra. Bunu da seve seve yaparım.

SORU 4:

Sevgilinizden ayrıldınız, bir süredir kendinizi iyi hissetmiyorsunuz. Neyse ki zaman her şeyin ilacı. İçine kapandığınız kabuktan artık dışarı çıkmanın zamanı geldi diye düşünüyorsunuz. Eski sevgiliyi düşünmek artık üzmüyor sizi. Olanı kabullendiniz, süreç kendi yolunda akıp gitti bir şekilde. Yaralar sarıldı, hayat devam ediyor.

Sosyalleşmeye başladıktan bir süre sonra, dikkatinizi çekenler bile olmaya başladı. Sanki yeni bir ilişkiye yeşil ışık yakıyor gibisiniz. Hatta öyle etkilendiniz ki arkadaşlarınız araya girip ikinizi bir yemekte buluşturmaya karar verdi ve hemen tatlı bir organizasyon yapıldı.

Sevgili namzedinizle baş başa keyifli bir gece geçiriyorsunuz. Bu yemeği organize ettiği için arkadaşlarınıza minnettarsınız.

Sorular sormaya başladığınızda karşınızdaki insanın eski sevgilinize çok benzediğini fark ettiniz. Aman Allahım. Tek yumurta ikizi gibiler. Aynı şehirde doğmuşlar, aynı mesleği yapıyorlar, aynı yemekleri seviyorlar, aynı hobilere sahipler, aynı ekonomik standarttalar, aynı espri anlayışı, aynı zevkler, aynı alışkanlıklar.

"Yok artık!" diyorsunuz içinizden. "Hep aynı tipleri çekiyorum hayatıma. Şaka gibi."

Yemekten sonra eve döndüğünüzde, yastığa başınızı koyup düşünmeye başladınız ve bundan sonrası için ne yapmak istediğinizi ölçüp tartıyorsunuz.

Sabah yataktan çıkarken yeni sevgili adayınızla ilgili bir karar verdiniz.

O karar, aşağıdaki seçeneklerden hangisiydi acaba?

a) Yeni sevgili adayımın eskisine çok benziyor olmasından dolayı çok da iyi hissetmiyorum kendimi. Aynı şeyleri bir kez daha yaşayabileceğim düşüncesi yüzünden huzursuzum. Bu tip insanlar genelde hep aynı tepkileri veriyorlar. Başıma gelecekleri biliyorum aslında. En iyisi arayıp, dün gece için teşekkür etmek ve eğer istiyorsa arkadaş olarak görüşmeye devam etmek. Onunla sevgili olmak istemiyorum.

b) Her ilişkiye bir fırsat vermek gerekiyor aslında. Her ne kadar eski sevgilime benziyor olsa da onunla biraz daha zaman geçirmek ve denemek istiyorum. Aynı şeyleri yeniden yaşayacağım korkusu yüzünden ona haksızlık etmek istemiyorum. Bir süre gözlemci kalarak görüşmeye devam edeceğim. Kendimi ona açmayacağım. Temkinli davranacağım. Baktım ki eski sevgilim gibi davranmaya başlıyor, hemen uzaklaşırım.

c) Bu tipteki insanlardan katiyen iyi sevgili olmaz, hiç vakit kaybetmeye gerek yok. Bir daha aramam olur biter. En iyisi telefonunu engellemek.

d) Çok güzel bir geceydi. Onunla eğlendim, iyi vakit geçirdim, saatlerce sohbet ettim ve bundan büyük keyif aldım. Birlikte çok güldük, ortak ilgi alanlarımızla ilgili uzun uzadıya tartıştık, yorulmadan konuştuk. Bana çok iyi geldi. Eski sevgilime benziyor olmasının ne önemi var? Çok saçma. Tabii ki onunla görüşmeye devam etmek isterim.

SORU 5:

Çok sevdiğiniz bir dostunuz var. Sadakatinden yana hiç kuşkunuz yok. Onun da sizi sevdiğinden, arkanızdan dedikodu yapmadığından, her zaman sizi desteklediğinden eminsiniz. Aranızdan su sızmıyor yıllardır.

Ama bir gün ortak bir arkadaşınızla sizin aranız açıldı. Bir daha onunla görüşmeme kararı aldınız. Yüzünü bile görmek istemiyorsunuz, adını duyduğunuzda geriliyorsunuz. Öylesine uzaklaştınız, küstünüz.

Dostunuzun da o küstüğünüz kişiyle görüşmesini istemiyorsunuz içten içe ama bunu söylemiyorsunuz ona. Tepkisinin ne olacağını görmek için sabırla bekliyorsunuz.

Sonra bir de bakıyorsunuz ki o yere göğe koyamadığınız biricik dostunuz adını bile duymak istemediğiniz kişiyle görüşmeye devam ediyor. İkisinin arasında bir sorun yok çünkü. Onlar gayet iyi anlaşıyorlar. Siz küstünüz diye, dostunuz da sırt çevirmek istemiyor belli ki o kişiye. Bir yanınız ona hak veriyor ama diğer yandan büyük duygusal çalkantılar yaşıyorsunuz. Kendinizi iyi hissetmediğinizi düşünüyorsunuz. İkisi arasındaki yakınlığın eskisi gibi sürüyor olması canınızı sıkıyor.

Biricik dostunuzla konuşmaya karar veriyorsunuz sonunda.

Ona ne söyleyeceksiniz acaba?

a) Ben birine küstüm diye o da aynı kişiye küsmek zorunda değil tabii ki. Aralarında iyi bir ilişki var. Sonuçta anlaşabiliyorlar ve birbirlerini görmek istiyorlar. Ama ne olursa olsun ben onu dostum gibi gördüğüm için kendimi ihanete uğramış, yarı yolda terk edilmiş hissediyorum. Karar yine de onun ama dostum olarak bu konuda bana karşı duyarlı davranmadığını hatırlatacağım ona. Hiç değilse daha az görüşmeyi tercih edebilirdi onunla. Nispet yapar gibi sürekli bir arada olmaları çok da iyi niyetli gibi gelmiyor bana.

b) Dostumun başkalarıyla olan ilişkisini yönetemem ama yine de küskün olduğum biriyle samimi olmasını da istemiyorum. Bu konuda açık ve dürüst davranacağım. Onunla görüşmeye devam ettiği sürece, eskisi gibi olamayacağımızı söyleyeceğim.

c) Dostum benim düşmanlımla görüşmeye devam ediyorsa zaten hiçbir zaman dostum olmamıştır, ben yanılmışımdır onunla ilgili. Büyük bir hayal kırıklığıdır bu benim için. Şu saatten sonra kimseyle dost olmam bir daha. Herkes kendi yoluna. Kimse benden yakınlık beklemesin artık. Geçmiş olsun.

d) Dostumun adaletine güvenirim. Zaten bu yüzden dostumdur o benim.

Değerlendirme:

a'lar çoğunluktaysa:

Kabul edelim ki zihninizde olumsuz önyargılar var. Olası olumsuz ihtimalleri ölçüp tartmak ve buna göre tedbirler almak zorunda hissediyorsunuz kendinizi. Kırılmaktan, incinmekten, aldatılmaktan, hayal kırıklığına uğramaktan çekiniyor olabilirsiniz ki bunun temelinde değersizlik duygusu ve kaybetme korkusu yatıyordur. Oysa sevgide kaybetmek yoktur, incinmek yoktur, zarar görmek yoktur. Sevgi güvenli bir alandır. Dışarıda ne yaşanıyor olursa olsun sonuç değişmez. Dolayısıyla bu kitap kusurlu sevme biçimlerini öğrendikçe, doğru sevebilme sanatının ne olduğunu öğrenmeniz yolunda işe yarayacaktır.

b'ler çoğunluktaysa:

Elinizden geleni yapıyorsunuz belli ki. Yargılarınızı dizginlemek konusunda mesai yapıyorsunuz. İyi kötü bir çabanız var. Zihninizde kontrol edilemez hükümlere sahip olduğunuzun farkında olmanız işleri daha da kolaylaştıracak emin olun. Bu bilinçliliğinizin faydasını göreceksiniz. Bu kitap sizde çok daha hızlı işe yarayacak gibi duruyor. Mümkünse diğer şıkların değerlendirmelerini de okumanızı tavsiye ederiz. Küçük nüanslardan büyük ipuçları alabileceğinize inanıyoruz.

c'ler çoğunluktaysa:

Evet, yargıları olan bir karaktersiniz ki yargılarınız sizi hayal kırıklıklarından, olumsuzluklardan korumaz. Bilakis, yargılı zihinler mutsuzluğa çok daha yatkındır. Sürekli hayal kırıklığı yaşarlar çünkü. Aldıkları önlemler, birer savaş çağrısına dönüşür. Kendileriyle ve başkalarıyla çatışma içindedirler her daim. Bu çatışma hayli yorucu ve yıpratıcı bir hal alır bir süre sonra. Kabullenmekte hep çok zorlanırlar. Hayat onlar için bir mücadele alanıdır. Kaybetme korkuları hayli yüksektir ve kendilerini sürekli kayıpta hissederler. Bu yüzden öfkeli ve serttirler içten içe. Bu kitabı çok iyi anlamanız ve hayatınıza adapte edebilmeniz sizin açınızdan çok önemli.

Yargılarınızın saplantıya, kuşkuya dönüştüğünü hissediyorsanız hemen bir profesyonel destek isteyin. Gecikmenin bir anlamı yok.

d'ler çoğunluktaysa:

Kitapta sözünü ettiğimiz sevgiye oldukça yakın bir zihin yapınız var. Hayatı daha mutlu ve emin yaşıyorsunuz. Elinizden geldiğince kolaylaştırıyorsunuz yaşamı. Bu kitap size yol gösterici olmayacaktır muhtemelen, bir ilham kaynağı olacaktır ki siz bunu da anlamayı ve değerlendirmeyi başaracaksınızdır.

BAHT DÖNÜMÜ

Düşünce Hatalarının Takibi

Nilgün'ün özel yaşamıyla ilgili farkında olmadan beslediği sevme kusurlarına yakından bakabileceğimiz aşk hikâyesini anlatmaya geçmeden evvel yayınevinde süreci zora sokan o zihinsel kırılma anına da değinelim.

Günlerdir çok önemsediği bir görüşmeye hazırlanan Nilgün, uzun zamandır hayalini kurduğu bir projenin artık yavaş yavaş hayata geçmek üzere olduğunu gördüğü için heyecanlı, mutlu ve coşku doluydu. Uzun yıllar reklamcılık sektörü içinde yer almış, büyük bir firmanın yaratıcı ekibine dahil olmuş, belli ki burada kendine yer açmayı başarmış üretken ve zeki bir kadın olarak sonunda mesleğinin incelikleriyle ilgili bir kitap bile yazmış.

Metrodan ininceye kadar bu konuyla ilgili her şey yolunda gibiydi. Hatta Nilgün'ün anlayışı ve toleransı o kadar yüksekti ki bir ara sokaktan geçerken tepesinden aşağı çekirdek kabukları silkeleyen insana bile dönüp çıkışmamış, bu saçmalığa gülüp geçebilmişti. Ne var ki düşünceler girdabının içinde çalkanıp duran bir düşünce parçası ne yapıp edip girdabın dışına taşmayı başardı ve Nilgün'ün zihnine kancasını atıverdi.

"Nilgün Hanım dosyanızı değerlendirdik ve basmamaya karar verdik" deme ihtimali var.

İşte bu kanca, su yüzüne çıktığı andan itibaren Nilgün'ün peşi sıra gelen diğer bütün düşüncelerine yön vermeye başladı. Nilgün her ne kadar eski enerjisine ve evden çıkarkenki olumlu düşüncelerine geri dönmeye çalışsa da, hareketli şarkılar mırıldanıp olumsuz düşüncelerinden sıyrılmak istese de başaramadı. Zihnini, eski düşüncesine geri dönmeye ikna edemedi. Çünkü düşünceler girdabından fırlayan o ihtimalin güçlü olduğuna ikna olmayı tercih etmişti zihni. Artık meşguldü. Çünkü zaten bedeni hayatta tutabilmek için tehlikelere odaklı yaşamak zorundaydı. Bu olumsuz ihtimal beyne bir ölüm kalım meselesiyle karşı karşıya olunduğunun sinyalini verdiği için, o meseleyle ilgili örüntüler deposuna dalıp veriler ortaya çıkarmaya başladı.

Nilgün, ortada bir ölüm kalım meselesi olmadığının, bir "savaş ya da kaç" kararı vermek zorunda kalmayacağının, yaşadığı şeyin bir düşünce hatası olduğunun bilgisine sahip olsaydı ya da akıllı ve kültürlü bir kadın olarak bu bilgiye zaten sahip diye düşünelim, o halde sahip olduğu bu bilgiyi kullanmayı başarsaydı düşünce hatalarını hizaya sokabilirdi kuşkusuz.

Düşünce hatalarını takip etmek neden önemli?

Çünkü hatalı bile olsa düşünceler, hislere yol açar, hisler zihni ikna eder, zihin ikna olduğunda davranış ve tutum da değişir. Davranışlar ve tutumlar, hatalı düşüncelerden doğan hislerin zihni ikna etmesinden dolayı değiştiğinde, doğal olarak hatalı reaksiyonlar oluşmuş olur. Reaksiyonların sonuç yarattığını düşünürsek, hatalı reaksiyonların yol açtığı sonuçlar, yersiz olur.

Nilgün'ün yazdığı kitapla ilgili her şey yolunda gittiği halde yayınevinden elleri boş çıkmasını, çok da yerinde bir sonuç olarak değerlendiremeyiz ama değil mi?

Düşüncesi saptığı andan itibaren, hisleri de değişmedi, hisleri değişince davranışları da değişti haliyle. Üzerine çekirdek kabukları yağdığı halde gülümseyen kadın "Ne içersiniz?" demediğinin farkında bile olmayan aklı yoğun, duyguları karmaşık genç bir kıza karşı acımasızca yükselebildi.

> **"**
>
> Unutmayın ki düşüncesini yöneten insan, hayatının da yöneticisi olur. Düşüncelerindeki sapmalar yüzünden kusurlu davranışlar sergileyip kusurlu sonuçlara maruz kalmayan insan, sevgiyi var eder. Sevgiyi var edebilen insan da mutludur.
>
> **"**

Nilgün bunu nasıl yapabilirdi?

"Nilgün Hanım dosyanızı değerlendirdik ve basmamaya karar verdik" deme ihtimali var.

Bu düşüncenin aslında bir sapma olduğunun farkındaydı zaten. Bu yüzden geri dönebilmek için şarkılar mırıldanmayı, derin nefesler almayı denedi ama olmadı.

Mesele nefeslerle sakinleşebilmek değil çünkü.

İnsan denen varlığın sevgiye becerikli bir yaratık olduğunu hatırlayıp düşünceyi sağduyuyla değiştirmektir mühim olan. Bunun için spiritüel yeteneklere ihtiyaç yok. Her canlı sevgiye beceriklidir. Sadece bazıları bunu öğrenebiliyor, bazıları öğrenemediği için yıkıma ve felaketlere sürükleniyor. Hatta bazen zihinsel sağlığı da elvermediği için sevgiyi öğrenemeyenler olduğunu kabul etmek gerekiyor ne yazık ki.

Kitabın başından beri söylediğimiz ve yeri geldikçe de hatırlatmaya devam edeceğimiz şey, görüldüğü üzere sevginin bir emek ve bilgi işi olduğudur.

"Evet, dosyamın basılmama ihtimali var tabii ki. Buraya bambaşka bir sebepten dolayı da davet edilmiş olabilirim. Gördüğüm kadarıyla bütün koşullar aslında kitabımı basmak isteyeceklerine işaret ediyor. Zihnim elbette olumsuz senaryoları da düşünmekte çok yetenekli. Hiç zararı yok. Neler olacağıyla ilgili tahmincilik oynamak yerine, bir an evvel neler olacağını heyecanla görmeyi tercih ediyorum. Adrenalini sahiden yüksek bir gün. Sonuç ne olursa olsun, unutamayacağım bir görüşme olacağı muhakkak."

İşte bu düşüncenin ortaya çıktığı an, kahramanımızın baht dönümü olacaktı.

Düşüncelerinin sapmasına izin vermediği için, hislerinin de hatalı düşüncelerine göre dalgalanmasına izin vermemiş olacaktı, böylece tutum ve davranışları değişmeyecek, var ettiği sonuç da bambaşka bir deneyime dönüşecekti.

Zihninizde çakan her düşüncenin ama istisnasız her düşüncenin bir baht dönümü olduğunu hatırlayın.

O düşüncenin bir olayla, bir kişiyle ya da bir durumla ilgili sizde "yargı" yaratmasına ya da oluşan yargının sizi esir alıp düşüncelerinizi, hislerinizi, davranışlarınızı ve deneyimlerinizi yönetmesine, kaderinizi çizmesine izin vermeyin.

Elbette birileri hakkında ya da birtakım olaylar hakkında fikriniz olabilir ancak fikir sahibi olmakla yargılamak aynı şey değildir.

Nilgün'le tanıştığınızda, onunla bir kafenin bahçesinde çay içtiğinizde sigara yaktığını görürsünüz ve sigara kullandığı hakkında artık bilgi sahibi olmuş olursunuz. Dolayısıyla kapalı bir mekâna davet ederken onun sıkılabileceğini düşünürsünüz çünkü hakkında bir fikir sahibisinizdir artık. Nilgün rahat sigara içebilsin diye küçük ve kapalı bir mekân tercihi doğru olamayabilir fikrine varabilirsiniz.

Ancak Nilgün açık havada sigara içiyor diye onu "ucuz kadın" olmakla yargılamak ve onunla henüz başlamamış olan arkadaşlığınızı hemen o noktada sonlandırmak ya da mesafelendirmek, yargılamaktır. Bu sevgiyi henüz öğrenmemiş bir insanın tepkisidir. Kusurludur. Diğer örnekte ise sevgi vardır. Orada ehlileştirilmiş, eğitilmiş bir insan zihninden söz edilebilir.

KİŞİSELLEŞTİRMEK
BİR SEVME KUSURUDUR

Kişiselleştirmek, üzerinde hassasiyetle durulması gereken sevme kusurlarından biridir. Kişinin, hiçbir sorumluluğu olmadığı halde olumsuz durumlarla ya da sonuçlarla ilgili durup dururken kendi üzerine sorumluluklar alması ve bunun altında nedensiz yere ezilmeye başlaması, bu yolda hisler deneyimlemesi ve reaksiyon göstermesidir.

Seçtiğiniz filmi arkadaşınız ya da sevgiliniz beğenmedi mesela. Film çok da umduğu gibi çıkmadı.

Bir filmin beğenilmesi konusunda eğer filmin yönetmeni, senaristi ya da oyuncusu değilseniz katiyen sorumluluk sahibi de değilsinizdir. Aynı şekilde bir filmin beğenilmemesi konusunda da eğer filmin yönetmeni, senaristi ya da oyuncusu değilseniz sorumluluk sahibi olmazsınız. Ne var ki içeriğini bilmediğiniz, karşınıza ne çıkacağı hakkında belki sadece kulaktan dolma bilgilere sahip olduğunuz bir film izlemeye kalkıştıktan sonra partnerinizin filmle ilgili olumsuz kanaatlerini kişiselleştirmeye başladığınızda, depresif sonuçların ve çatışmaların yaşanması an meselesidir.

"Keşke bu filmi seçmeseydim, benim yüzümden iki saat kaybetti, film seçmek konusunda çok beceriksizim, şu anki bütün mutsuzluğunun nedeni benim, benim yüzümden öfleyip duruyor, benim yüzümden bütün tadı kaçtı, daha iyi bir film seçebilseydim ikimizin de enerjisi daha yüksek olacaktı, konuşup sohbet edecek bir dolu malzememiz olurdu, filmden sonra da iyi vakit geçirmeye devam ederdik, sıkıldığı için filmden sonra kalkıp gitti, başarılı bir film seçebilseydim belki bütün gece sabaha kadar konuşmak isteyecekti."

Görüldüğü gibi bu hezeyanların bir sonu yok. Sayfalarca uzayıp gidebilir.

Partnerinizin filmden sonraki fikirlerinden ya da hislerinden siz sorumlu olamazsınız. Yaşadığı olumsuz sonuçla ilgili sizin bir sorumluluğunuz yok. Gösterdiği tepkileri kişiselleştirmeniz doğru bir yaklaşım olmaz. Bu sonucu bilerek ve isteyerek bilinçli şekilde planlamışsanız eğer, başarılı bir eylem ortaya koymuşsunuz demektir ki bilinçli bir operasyondan sonra başarılı olduğunuz için zaten kendinizi suçlamazsınız.

Sorumluğunuzun olmadığı durumlarla ilgili karşı tarafın tepkilerini ya da tepkisizliğini kişiselleştirdiğiniz anların farkında olmanız çok değerli. Böylece onarılması gereken bir sevme kusurunun farkına varmış olacaksınızdır.

Partneriniz seçtiğiniz film konusunda sizi suçlamadığı halde konuyla ilgili söylediği bütün olumsuz sözleri, yorumları ve tepkileri üzerinize alınmanızın haklı ve mantıklı sebepleri olabilir mi? Hatta kötü seçiminizden dolayı sizi suçluyor bile olsa, bu onun kişisel sorunu sayılmaz mı?

Her tepki ya da her tepkisizlik kişiseldir, kişiye özeldir, karşı tarafla ilgili değildir ve olamaz.

Nilgün, yayınevine girdiğinden beri gözlemlediği her şeyin ve herkesin ona karşı bir tavır ve tutum içinde olduğu düşüncesine saplanarak, olanı da olmayanı da kişiselleştirmeye başladı.

Sekreterin yüzünün asık olmasını, saatlerce tek laf etmemesini, ona ne içmek istediğini sormamasını, başkalarına karşı güler yüzlü ve konuşkan olduğu halde ona soğuk ve aşağılayıcı bir tutum takınmasını tamamen kendi üzerine alıp kişiselleştirmeyi tercih etti. Kızın böyle davranması için onu kışkırtmadığı halde, bu konuda hiçbir sorumluluk taşımamasına rağmen durup dururken saygısızlığa maruz kaldığı düşüncesinde asılı kaldı ve yarattığı bu anlamsız boşlukta kendi kendine sallanmaya başladı.

Kızın tepkilerini kişiselleştirdiği için olumsuz duygulara kapıldı ve doğal olarak da reaksiyonları öfkeli ve stresli oldu. Böylece yarattığı sonuç onu bir şekilde mutsuz etti.

Nilgün, yayınevine girdikten sonra sekreter kızı sebepli ya da sebepsiz bir şekilde aşağılamış olsaydı, sesini yükseltseydi ve şartları fazlasıyla zorlasaydı, sekreter kızın yüzünü asması meselesinde kendi payının olduğu düşüncesine varmasını yersiz bulmazdık değil mi?

Ne var ki Nilgün, kızın olumsuz gibi görünen tepkilerine neden olacak hiçbir şey yapmadığı halde bu konuda kendi de sorumluk sahibiymiş gibi davrandı ve gözlemlediği her reaksiyonu kişiselleştirdi. Henüz çok satan, meşhur bir yazar olmadığı için, diğer kıdemli yazarların gördüğü ilgiye mazhar olamadığı düşüncesine yaslandı. Böylece sekreter kızın her tepkisini kişiselleştirerek kendi içinde ona karşı bir savaş başlattı. Boşluğa, gereksiz yere kılıçlarını savurup durarak enerji ve motivasyon kaybetti.

Oysa genç kızın kendi içinde yaşadığı, hatta baş etmekte zorlandığı bir matemi vardı. Kimseye karşı saygısızlık etmek istemediği halde, davranışlarını kontrol edemediği, bazen ne yaptığının bile farkında olmadığı açığa çıktı.

Diyelim ki sekreter kız, Nilgün'ün tam da düşündüğü sebeplerden dolayı saygısız bir tutum sergiledi. Aslında anneannesini kaybetmedi, matemi yok, acısını tolere etmek için oyalanmaya çalışmıyor. Sahiden de Nilgün'ün henüz meşhur bir yazar olmadığı için diğerleri gibi saygıyı ve ilgiyi hak eden biri olmadığını düşünüyor ve bunu da mesafeli tavırlarıyla açık ediyor.

Peki, bu durumda Nilgün, sekreter kızın tutum ve davranışlarını kişiselleştirmiş olmakta haklı sayılır mıydı?

Tabii ki hayır.

Çünkü herkes kendi tutum ve davranışlarından sorumludur. Nilgün, sekreter kızın kendi hakkındaki hislerini ve düşüncelerini yönetme ihtiyacı içinde olamaz. Bu onun sorunu değil. Sekreter kız kendi düşüncelerinden ve hislerinden kendi sorumludur. Bu hislerinin yaratacağı sonuçlar da yine kendi eseri olacaktır.

Başkalarının sizin hakkınızdaki fikirlerini yönetemezsiniz. Başkalarının hakkınızda olumlu düşüncelere sahip olması için kendinizden ödün vermeyi de göze alamazsınız ki bu da ileride ele alacağımız sevme kusurlarından biridir.

Sizinle ilgili bile olsa başkalarının düşüncelerini, hislerini ve tepkilerini kontrol etme imkânınız yok. Bunu başarabiliyor olsaydınız da yaratacağınız sonuçlar üzerinde etkisi olmazdı. Sadece kendi düşüncelerinizi, hislerinizi ve tepkilerinizi eğitme yetisine sahipsiniz. Başkalarının düşünceleri, hisleri ve reaksiyonları konusunda sorumluluğunuzun olmadığı durumları kişiselleştirmemeyi kendinize öğrettiğinizde, sevgi yolunda değerli bir adım atmış olursunuz.

Test:

*Ben Mutsuz
Olayım Diye
Kötü Bu Dünya!*

 **SORU 1:**

Alıngan Bir Karakter misiniz?

Çok sevdiğiniz bir sanatçının konseri var, yaşasın! Geçen yıldan beri bekliyorsunuz. Orada çok iyi vakit geçireceğinizi biliyorsunuz. Konseri katiyen kaçırmak istemiyorsunuz.

Heyecanla sevgilinizi aradınız. Konsere iki kişilik bilet almak istediğinizi söylediniz. "Bu fırsat kaçmaz!" dediniz. "Elimizi çabuk tutalım, şahane bir gece olacak."

Baktınız ki sevgilinizin o akşam başka bir programı var, üstelik çok da önemli. Kimsenin konseri için iptal edemeyeceği bir program. Uzun süredir tedavi gören annesi gelecek şehir dışından. Evinde onu ağırlayacak bir hafta boyunca. İçinden dışarı çıkmak gelmiyor pek. O haftayı annesiyle geçirmenin derdinde.

"Ama sadece bir gece çıkacaksın dışarı, tatile gitmiyoruz ya!" diyorsunuz siz. "İki saat sonra eve dönersin işte. Ne olur bu konsere birlikte gidelim."

Sevgiliniz size hak veriyor. Sonuçta annesi bir hafta boyunca yanında kalacak. Bir akşam sadece birkaç saatliğine dışarı çıktığında hiçbir sorun yaşanmaz.

Sonunda istediğiniz oluyor. Israr ettiniz ve kazandınız. Buluşup atlıyorsunuz arabaya. Muhteşem bir konser izleyecek olmanın heyecanıyla düştünüz yola. Ama kaza bu ya. Ne zaman ne şekilde gerçekleşeceği belli olmaz.

Sevgiliniz konsere yetişme telaşlıyla önündeki araca vurdu. Polisler, tutanaklar derken konsere geç kaldınız. Hem ikinizin de tadı kaçtı çoktan. "Ben hiç çıkmayacaktım evden!" diye söylenip duruyor sevgiliniz. Dalgınlıkla telefonunu da arabada unutmamış mı? Yaşlı annesi iyi hissetmediğini söylemek için defalarca arayıp durmuş. Aksilik işte. Konserden sonra araca döndüklerinde olanlar olmuş. Yaşlı kadın komşuların yardımıyla hastaneye kaldırılmış. Sevgilinizin eli ayağına dolanıyor bunun üzerine.

"Ben hiç çıkmayacaktım evden!" diye söylenerek hastaneye yöneliyor. "Ne işim var benim konserde, neden çıktım sanki? Tüh, tüh, tüh!"

Aksiliklerin birbirini kovaladığı günlerden biri işte. Olur ya bazen öyle. Her şey üst üste gelir. "Olacağı varmış" derler ya hani, kendiliğinden oluverir, talihsizlikler yaşanır hayatta.

Bu zor günün ertesi, kendinizi nasıl hissediyor olurdunuz ve bundan sonra ne yapmaya ya da yapmamaya karar verirdiniz?

a) Konsere gitmek için bu kadar ısrarcı olmasaydım o kaza hiç yaşanmazdı. Böylece o zavallı yaşlı kadın da komşuların yardımıyla hastaneye yetişmek zorunda kalmazdı. Ne vardı sanki bu kadar ısrar edecek? Keşke tek başıma gitseydim ya da başka bir arkadaşımı alsaydım yanıma. Sevgilimi annesiyle birlikte yalnız bıraksaydım. Durup dururken arabası da hasar gördü. Çok işler açtım başına. Beni affetmesini isteyeceğim ondan. Özür dileyeceğim. Bir daha da böyle ısrarcı davranmayacağım. İstemediği şeylere zorlamayacağım onu.

b) Sahiden de aksiliklerle dolu bir gün oldu. Kaza yaptık, telefonu arabada unuttuğumuz için annenin yardım çağrısına yetişemedik, bu yüzden çok da iyi anılarla hatırladığımız bir konser gecesi olmadı bizim için. Ama bunda ne benim bir suçum var ne de sevgilimin. Ben konsere gitmek için ısrarcı olduğumdan dolayı gerçekleşmedi bütün bunlar. Sadece denk geldi. Bilerek, planlayarak, tasarlayarak gerçekleştirdiğim hiçbir şey yok. Artık başka sefere. Sıradaki konserimiz daha güzel olsun.

c) Sevgilimin sürekli "Neden evden çıktım ki ben?" diye yakınıp durması boşuna değil. "Bütün bunlar senin yüzünden oldu!" diyemediği için böyle söylüyor. Beni suçluyor. Bana çok kızgın aslında. "Senin yüzünden annemin yardım çağrısına bile yetişemedim!" demek istiyor bana ama tartışmayalım diye demiyor. Beni suçlaması büyük haksızlık. Ne yaptım ki ben? Kazayı ben mi yaptım, telefonu ben mi unuttum arabada? Bu tavrından dolayı kesinlikle konuşmayacağım onunla. Çok kırıldım. Küstüm. Beni anlayana kadar da barışmam.

d) Altı üstü bir konsere gitmek istediğim için başına gelen bütün kötülüklerin sebebi oldum. Hiçbir şey söylemedi ama böyle olduğunu hissediyorum çünkü çok üzgün ve suskun görünüyor. Bir daha onunla hiçbir şey yapmam. Kimseye hiçbir şey için ısrarcı olmam. Kimse de bana ısrar etmesin.

SORU 2:

İşyerinde sevilen sayılan bir personelsiniz. Ekibiniz de sizden memnun, patronunuz da. İyi de bir statünüz var. İş hayatınızda her şey yolundaymış gibi görünüyor. Takdir ediliyorsunuz, övülüyorsunuz, alkışlanıyorsunuz.

İşinizde başarılı olmanızın nedenlerinden biri de kuşkusuz ki motivasyonunuzun yüksek olması. Verdiğinizin karşılığını alabiliyorsunuz. Hem maddi açıdan verdiğiniz emeğe değiyor hem de gördüğünüz itibar açısından bu kadar çalışmaya rağmen canla başla yorulmadan devam ediyorsunuz yola.

Bir gün, yeni bir projeyle ilgili çalışma sisteminin değişmesi gerekti. Siz İspanyolca bilmediğiniz için patronunuz projeye liderlik etmesi için daha dün işe başlamış, yanınızda esamisi okunmayacak bir personele liderlik etme görevi verdi.

Proje öyle başarılı işledi ki aldığınız övgülerin aynısını acemi personel de almış oldu. Yıllar içinde hak ederek kazandığınız bütün takdirlerden o da payına düşeni aldı. Üstelik sadece tek projeyle.

Acemi personel sayesinde yeni bir çalışma alanı daha açılmış oldu şirkete. O kendi alanında ilerlemeye devam ederken, siz yine kendi alanınızın gözdesi olarak eski düzeninizde çalışıyorsunuz.

Lakin patronunuzun tutumuyla ilgili aklınız da duygularınız da çok karışık. Dünkü acemi personelle yılların personeli siz arasındaki mesafelerin kıza zamanda kapanmış olması düşündürücü geliyor.

Yaşadığınız bu karmaşaya bir son vermeniz gerekiyor haliyle. Bu durumda tepkiniz ne olurdu?

a) Benim yüzümden oldu. O beceriksizin kendine alan bulmasına izin vermeseydim, karakterli davranıp patronuma tavır koysaydım, dünkü personelin sadece yabancı dil bildiği için bana ait bir projeyi yönetemeyeceğini söyleseydim işime olan aşkımı kaybetmezdim. Çalışkan biri olabilirim ama kesinlikle beceriksizim. Becerikli olan insan, hiçbir şey yapmadan kariyerinde yükselen insandır. Suçlayacak kimse yok. Çok üzgünüm. İşimde kalmaya devam etmek için patronumun gözünde çalışkan biri olarak görünmeye devam etmem lazım, daha çok çabalamam lazım. Bu yüzden artık daha yorgun ve daha mutsuzum.

b) Yeni projenin de başarılı olması şahane oldu. Ekibe katılan personel zehir gibi. Çok işime yarayacak.

c) Madem benim yıllar içinde inşa ettiğim çalışma düzenime, çabalarıma, canla başla kendimi işime feda etmeme patronumun da saygısı kalmamış o zaman benden de buraya kadar. Sabah gelir, akşam dönerim. Bir daha fedakârlık etmem. Her şey olduğu kadardır bundan sonra. Bir işi zorla oldurmak için yormam kendimi. Tatil günlerimde bilgisayarımı bile açmam bundan sonra. Geçmiş olsun. Beni ve çalışma azmimi kaybettiler. Çok kırgınım.

d) Bu haksızlık karşısında tepkisiz kalamam. Patronumun ne kadar kırgın ve kızgın olduğumu anlaması için istifa mektubumu yazıp önüne koyacağım. Bu saygısızlığı hak etmedim ben. Dünkü personele, bana gösterdikleri takdirin aynısını gösteriyorlarsa, aslında hiç samimi olmamışlar. Hepsi beni coşturmak için sarf edilen sahte iltifatlarmış. Daha fazla katlanamam bu oyuna. İşten ayrılıyorum ben.

SORU 3:

Uzun yıllar birlikte çalıştığınız arkadaşınızla epeydir görüşemediniz. İşler güçler derken araya biraz zaman girdi ama olsun. O sizi ne zaman arasa bulur, siz onu ne zaman arasanız ulaşırsınız zaten. Şimdiye kadar da hep böyle oldu zaten.

Ne siz ona sitem edersiniz "Kaç zamandır nerelerdesin, neden aramıyorsun?" diye ne de o size sitem eder "Artık eskisi kadar bir araya gelemiyoruz" diye.

Yakaladığınız bu arkadaşlık ilişkisinden ikiniz de memnunsunuz aslında. Belki bir ay geçmişti son aramanızın üzerinden. Aklınıza gelmişken, fırsatını da bulmuşken arkadaşınızı arayıp ondan bir konuda yardım etmesini isteyeceksiniz. Belki birinin telefonunu soracaksınız, belki bir işle ilgili birine aracılık etmesini isteyeceksiniz. Önemli değil.

Bir heves aradınız, uzun uzun çaldırdınız ama açılmadı telefon. Sık görüşen insanlar olmadığınız için önemsemeden geçemediniz de. "Acaba bilerek mi açmadı ki? Hiç böyle olmamıştı şimdiye kadar" diye geçirdiniz içinizden.

Birkaç saat beklediniz ama dönmedi. Hay Allah! Ne kadar az da görüşseniz böyle yapmazdı hiç. Dayanamayıp bir kez daha aradınız. Yine uzun uzun çaldırdınız ama cevap yok. Hiç hoşunuza gitmedi bu durum. Saatlerce beklediniz yine ama dönmüyor bir türlü.

Ertesi gün baktınız ki telefonunuzda cevapsız bir çağrı yok. Artık içinizden gelmiyor aramak. Bu uzak arkadaşlığı sürdürmekten sıkılmış olabilir miydi acaba?

Bu kez aramak yerine mesaj atmayı tercih ettiniz. Ah bir de baktınız ki attığınız mesaj hemen görüldü. Demek cevapsız çağrıları da görüyor. O halde neden geri dönüp aramıyor ya da neden yazmıyor?

İpler o noktada kopuyor artık sizin için.

Aradığınızı gören, mesajlarınızı okuyan ama buna rağmen karşılık vermeye tenezzül etmeyen biri var artık karşınızda.

Bu meseleyi kafanızda ölçüp tarttınız ve sonunda bir karara bağladınız nihayet.

Aldığınız karar ne olurdu?

Arkadaşınızın yeni bir numara ve telefon aldığından, eskisini de olduğu gibi yaşlı annesine verdiğinden, çağrılarınızı görmediğinden, yakında sizi arayacağından haberiniz yok tabii.

a) Bu arkadaşlık için yeterince emek vermedim tabii. Bir şey istemek ya da bir şey sormak dışında aradığım da pek yoktu. Aslında görüşmeyi, konuşmayı çok istiyordum da nedense hep bir işim düştükçe aradım. Sanırım bu tavrımla sıktım onu. Samimiyetime inanmaz artık. Uzak durmak istiyor benden. Kendi bilir.

b) Nasılsa konuşmak istediğinde beni arar, sorun yok. En kötü ben sonraki günlerde yine ararım onu.

c) Benimle görüşmek istemiyorsa bile böylesine saygısızca bir yolla göstermemeliydi bunu bana. Ben de onun her ricasını yerine getirdim, o da benim. Sonuçta karşılıklı bir arkadaşlıktı bu. Onu suiistimal ediyormuşum gibi davranması, telefonlarıma dönmemesi, mesajlarımı okuduğu halde geri yazmaması çok ayıp. Çok kırgınım. Bir daha ararsa da açmam. Geçmiş olsun.

d) Madem sen benim telefonlarımı açmıyorsun, madem derdinin ne olduğunu söylemeye bile tenezzül etmeden yok oluyorsun, mesajlarıma cevap yazmıyorsun o halde ben de ağzıma geleni sayar dökerim. Uzunca sitem dolu bir mesaj yazarım. Haddini bildiririm. Sonra da telefonunu engellerim ki yazdıklarıma karşılık verme fırsatını elinden alırım. Bundan sonra hiçbir yerden ulaşamazsın bana.

Değerlendirme:

a'lar çoğunluktaysa:

Her şey sizin yüzünüzden olamaz. Bu kadar üstünüze gitmeyin. Biraz özgür ve rahat bırakın kendinizi. Siz, kendinize karşı bu kadar acımasız ve anlayışsız davranırsanız başkaları neler yapmaz ki? Kendinizle barışmanın, kendinizi bağışlamanın bir yolunu bulmak zorundasınız. Sevgide, hayatın olağan akışına sonsuz bir saygı ve kabul vardır. Hayatın olağan akışına teslim olmaya ihtiyacınız var. Bu kitap size çok faydalı olacaktır. Lütfen dikkatli okuyun. Bilgiyi alın, özümseyin ve kullanın. Profesyonel destek istemekten çekinmeyin.

b'ler çoğunluktaysa:

Hayatın bir olağan akışı olduğunun bilincindesiniz, ne güzel. Olanı olduğu gibi görebilme becerinizin yüksek olduğunu söylemek mümkün. Hatalarınızı görüyorsunuz ama bunun için kendinizi suçlayıp cezalandırmak yerine dikkatli olmayı tercih ediyorsunuz. Bu kitap inanıyoruz ki size daha ilham verecektir.

c'ler çoğunluktaysa:

Aksiliklerden kendinizi sorumlu tutmakta, kendinizi suçlamakta üzerinize yok. Ancak siz kendinizi suçladıkça kaybetme korkunuz ve değersizlik hissiniz su yüzüne çıkıyor ve öfkelendiriyor sizi. Pasif agresif bir tutum takınıyorsunuz çünkü ne olursa olsun kaybetmek istemiyorsunuz. Dünya sizin etrafınızda dönmüyor. Her şeyden siz sorumlu değilsiniz. Etrafınızdaki insanların başka öncelikleri olabilir. Onları da kendinizi de baskı altında tutmayın. Sevgiyi anlamanız çok önemli. Bu kitap işinize çok yarayacaktır.

d'ler çoğunluktaysa:

Hayli öfkeli ve tepkilisiniz. Eleştirilere kendinizi tamamen kapatmışsınız. Çünkü her eleştiri size bir suçlamaymış gibi geliyor. Bu yüzden siz de kendinize karşı çoğu zaman acımasızsınız. Mümkün mertebe kusursuz olmaya çalışıyorsunuz ki kusursuzluk bir saplantıdır, rahatsızlıktır. Kusur imzadır. Kendinize karşı anlayışlı ve toleranslı olun. Sevgiyi alın hayatınıza. Sevgide kusursuzluk arayışı yoktur. Kusursuzluk yaptırımı yoktur. Her şey olduğu gibi, olduğu haliyle mükemmeldir zaten.

BİR KUSURLU
SEVME BİÇİMİ HİKÂYESİ-II

İki hafta önce yayıneviyle yaptığı görüşmeden söz ediyordu Nilgün, ajanstan arkadaşı Serdar'a.

"Dosyamı beğendiler, basmak istediler ama kabul etmedim" dedi verdiği kararın yerinde olduğuyla ilgili Serdar'dan da onay almak beklentisiyle.

"İçeriğini değiştirmemi istediler, kabul etmedim. O zaman benim kitabım olmayacaktı. Onların bir projesine dönüşecekti."

Caddeden gelip geçen kalabalığı izleyerek kahvesini yudumluyordu Serdar. Saatlerdir sözünü bile kesmeden dinlemişti Nilgün'ün anlattıklarını. Şimdi bu son sözleri nedense düşündürüyordu onu. Sanki Nilgün'ün onaylanmayı beklediğini sezmiş, ancak bunun ona daha çok zarar vereceğini düşünmüştü ki bu yüzden açıksözlü konuşmayı tercih etti.

"Bence sen bile verdiğin kararı onaylamıyorsun" dedi Serdar. "Hayatın reklam metinleri yazmakla geçti. Kalemin çok iyi. Yazmak konusunda bütün dinamiklere hâkimsin aslında. Ben bile senden içeriği değiştirmelerini istemediklerini anladım. Sana sadece alternatif bir anlatım yolu önermişler. Bunun daha etkili olacağını düşünmüşler ki haklılar. Bunu sen çok daha iyi bilirsin. Konu çok da anlattığın gibi gelmiyor bana."

Serdar'ın haklılığı germişti Nilgün'ü.

"Aslında kitabımı basmak istemediler!" diye çıkıştı. "Hiç beğenmemişler. Bunu söylemek için de ayaklarına kadar çağırdılar. Ben de aslında onları kendim reddettiğimi iddia ederek rahatlamaya mı çalışıyorum, sana yalan mı söylüyorum yani?"

"Hiç böyle düşünmedim" dedi Serdar. "Sen tanıdığım en iyi metin yazarısın. Çok güçlü bir kalemin ve keskin bir zekân var. Müthiş bir gözlem ve tahlil kabiliyetin var her şeyden önce. Sen kitap yazmayacaksın da kim yazacak? Ayrıca çok iyi bir okursun sen. Bu alanda epey mesai harcıyorsun. Kendini yazın sanatı konusunda geliştirmek için düpedüz ayrı mesai yapıyorsun. Kim yapar ki bunu? Takdire şayan bir çaban var."

"Hayır" der gibi başını sağa sola sallayıp duruyordu Nilgün. Söylediklerini dinlemiyor, daha doğrusu sanki dinlememek için başka şeylerle meşgul ediyordu kendini. Önce cep telefonunu kurcalamaya başlamış, mesajlara kısa cevaplar atmış, sonra garsona bakınıp yeniden içecek mönüsü istemişti masaya.

Ne kadar meşgul olsa da arkadaşının kulağının anlattıklarında olduğuna inanan Serdar Nilgün hakkındaki olumlu düşüncelerini sıralamaya devam ediyordu. Onu sadece reklamcılık dünyasında değil, hayat sahnesinde de oldukça yetenekli ve dikkat çekici buluyordu. Sayesinde başardıkları işleri, aldıkları ödülleri, kazandıkları projeleri hatırlatıyordu bir bir ama Nilgün'ün kulak astığı yoktu hiçbirine.

Aklı, yayıneviyle ilgili verdiği kararında haklı olup olmadığına takılı kalmıştı bir kere.

"Sen onu bırak da, kararımda haklı olup olmadığımı söyle bana" dedi. "Yayınevinden aldığım teklifi geri çevirmekle iyi etmişim değil mi?"

"Dürüst konuşmak gerekirse pek de iyi olmamış" dedi Serdar. "Fazla tepkili bir karar. Neden öyle bir çıkış yaptın ki? Lüzumsuz. Yazdığın şeyi daha çok insana okutmak derdinde onlar. Yanlış bir şey söylememişler ki. Sana hakaret de etmemişler. Bunları sil baştan yaz da dememişler. Bilakis basılmaya değer görmüşler."

Nilgün, ağır hareket ettiğini düşündüğü garsonu soğuk bir dille ikaz edip bir filtre kahve daha sipariş etti. Sonra Serdar'a dönüp şu yayınevi meselesinin artık kapanmasını istedi. Sıkılmış gibi caddeden gelip geçenlere baktı, derin bir nefes aldı.

"Senin bu meseleyi anlaman mümkün değil zaten" dedi. "Yazar değilsin bir kere. Yönetmensin."

"Asıl bu yüzden en çok ben anlıyorum seni" dedi Serdar. "Ben de bir hikâyeciyim."

"Hayır!" dedi Nilgün sert bir dille. "Sen hikâyeci falan değilsin. Sen yoktan bir kurgu ya da durum var etmiyorsun. Olanı yorumluyorsun. Yaratılmıştan yaratmaya çalışıyorsun. İkisi aynı şey değil."

"Öyle değil" dedi. Serdar. Zekâsına çok güvendiği dostunun bu konu hakkındaki düşüncelerinden yana hayal kırıklığı yaşıyordu. "Sen bile böyle düşünüyorsan, bu meseleyi kimseyle oturup tartışamayız ki!"

"Bence de tartışmayalım Serdar. Ne olur bu konuyu kapat rica edeceğim. Senin de negatifliğin üstünde bugün."

Nilgün'ün bu beklenmedik çıkışı karşısında ne yapacağını bilemedi bir an. Kahvesini tazelemek için garsona seslendi. Çok vaktinin kalmadığını ifade etmek ister gibi saatine baktı sonra.

"Bir saat sonra Cihangir'de olmalıyım" dedi Serdar. "Karım bekliyor."

Serdar'ın ondan sıkıldığını düşünüyordu artık Nilgün. Eskiden hemen her şey hakkında saatlerce heyecan ve coşku dolu sohbetler yapabiliyorlardı. Şimdiyse konuşacak bir şey bulamıyorlardı aralarında.

"Benim şımarık ve zor bir kadın olduğumu düşünüyor olmalı" diye geçirdi içinden Nilgün. "Oysa sadece şu kitap meselesi yüzünden gergin hissediyorum, başka bir şey yok!" Ne var ki konuyla ilgili iyi hissetmediğini itiraf edemedi Serdar'a.

"Ben de Mete'yle buluşacağım zaten. Birlikte eve döneceğiz buradan."

"Mete'nin işler nasıl?" diye sordu Serdar, kitap meselesinin kapanmış olmasından memnundu nihayet. "Koca yaz geçti görünmedi adam. Yazlık mekânlarda mı çaldı hep?"

Mete'nin işleri hakkında konuşmaktan hoşlanmadığı her halinden belliydi Nilgün'ün. Ne kadarı yalan ne kadarı gerçek bir açıklama yapmalıydı acaba Serdar'a? Bunca yardımını ve yakınlığını gördüğü dostuna yalanlar sıralamak hoşuna gitmeyecekti ama Mete hakkında kimsenin olumsuz düşünmesine de dayanamazdı.

"Bu yaz İstanbul'daydı hep" dedi. "Çok iş geldi ama ben yollamadım başka şehirlere. İstanbul'da bir grupla otellerde çaldılar."

Çok da inanmamış gibi başını salladı Serdar.

"Eyvallah" dedi. "Orkestra kurma hayali var diyordun, o iş ne oldu?"

"Kolay bir şey değil" dedi Nilgün, kendinin de anlam veremediği bir savunmacılıkla. "Büyük orkestralar kurmak için çok zaman harcamak gerekiyor. Gece gündüz çalışıyor işte daha ne yapsın adam? Vazgeçmedi ya sonuçta."

"Tabii ki vazgeçmesin" dedi Serdar. "Senin için vazgeçmemeli zaten. Yoruldun artık. Rahatlamayı hak ediyorsun."

Onaylar gibi başını salladı Nilgün. Ele geçirilmiş hissetti kendini. Serdar'ın karşısında çırılçıplaktı adeta. Saklayabileceği hiçbir şey kalmamıştı belli ki. Her şeyin farkındaydı Serdar, her şeyi görüyor, biliyor ve dostu için üzülüyordu. Serdar'ın bu dostça ve içtenlikli yaklaşımı, Nilgün'ü duygulandırıyor olsa da açık edemediği bir öfkeye de neden oluyordu. "Bu ne hadsizlik böyle!" diye geçiriyordu içinden. "Kimsin sen?"

"Onu seviyorum Serdarcığım" dedi Nilgün kendinden emin ve güçlü görünmeye çalışarak. "Herkesin zor zamanları olur."

Nilgün'ün bir omzunu hafifçe sıkarak tatlı bir ritimle sarsmaya başladı Serdar. "Bana bak arkadaşım" dedi yumuşacık ama düşünceli bir tebessümle. "Herkesin zor zamanları olur ve geçer. Ama bazılarının zor zamanları hiç geçmiyor. Bu yorucudur. Kendini feda etme. Bu ilişkinin içinde eriyip yok olma."

"Sen tamamen yanlış anlıyorsun konuyu. Aşk öyle bir şey değil. Elimden geleni yapıyorum ben. Kendimi yok etmeden, bizi ayakta tutmaya çalışıyorum" dedi Nilgün. Düşmüş omuzlarından yorgunluğunun okunmasını istemiyordu. "Tamam haklısın, yorucu bir ilişki ama emek vermek gerekiyor birlikteliklere. Ben onu seviyorum. Ona destek olmaya çalışıyorum. Böylece bize emek veriyorum aslında. Çıkar ilişkisi değil bizimki. Kriterlerimizi sorgulamıyoruz."

Garsondan hesabı isteyip ödedi Serdar. Kalkması gerekiyordu artık. Keyfi de kaçmış gibiydi zaten. "Bu kadından sevgili de olmaz, eş de olmaz. Allah'tan arkadaşız. Bir adım ötesi çekilmez. Yazık, yaşadığı şeyi aşk sanıyor zavallı. Kendini kandırıyor" diye geçiyor olmalıydı aklından.

"Sakın geç kalma, bekletme karını" dedi Nilgün biraz alaycı, biraz iğneleyici bir tavırla. "Kimse özveride bulunmuyor. Kimse kendinden ödün vermiyor. Herkesin kuyruğu dik. İşte ideal ilişki diye ben buna derim."

Neyse ki anlayışlı bir adamdı Serdar. Nilgün'ün hiçbir çıkışını kişiselleştirmedi. Üzerine alınıp konuların içinden çıkılmaz bir tartışmaya dönüşmesine izin vermedi.

"Aşkolsun sana" dedi gülümseyerek. "Bunu kastetmediğimi bal gibi biliyorsun ama ziyanı yok. Sen çok iyi bir kadınsın. Elinden geleni yapıyorsun herkes için. Başkalarını sevdiğin kadar, kendini de sev ve koru diyorum sana sadece."

"Teşekkür ederim" dedi Nilgün. "Beni düşündüğün için teşekkür ederim. Dostluğun sahiden çok değerli benim için."

Sarılarak vedalaştılar. En kısa zamanda yeniden bir araya gelip kahve içmenin sözünü vermişti Serdar ama Nilgün çok da inandırıcı bulmadı onun bu sözlerini. Onu sıktığından emindi iyice. "Ben bile benimle arkadaş olmazdım" diye geçirdi içinden. Son zamanlarda etrafındakileri yorduğunu hissediyordu nedense. Belki de kendi yorgunluğunun acısını çıkarıyordu onlardan farkında bile olmadan. Serdar aramadığı sürece, onu bir daha kahve içmeye davet etmemeye karar verdi o an. Serdar bir daha hiç aramazsa bile yerden göğe kadar haklıydı.

Mete'nin ne zaman geleceğini sormak için cep telefonunu eline aldığında karşı kaldırımdaki adamı fark etti.

"Mete!" dedi çocuksu bir coşkuyla. "Şaşılacak şey."

Gecikmediği için sevinmişti. Mete'nin bir yere vaktinde yetiştiği pek görülmemiştir ne de olsa.

"Çok şaşırdım" dedi Nilgün. Gülüyordu ama işin içinde bir tuhaflık olabileceği ihtimali de çıkmıyordu aklından. Karşı koyamadığı bir merak dalgası da yükseliyordu beraberinde ister istemez. "Ne güzelmiş böyle vakitli buluşmak. Hoş geldin. Serdar da şimdi kalktı."

Yüzünden düşen bin parçaydı Mete'nin. Kan ter içinde kalmış. Belli ki epeydir yürüyor. Taksiye niye binmemişti ki? Yine parasızdı muhtemelen. "Altı üstü bir taksi parası yahu!" diye geçirdi içinden Nilgün. "Daha bu sabah para bırakmıştım eve. Yok artık!"

Sırt çantasını ve gitar kutusunu yere indirip sandalyenin bacağına dayadı hemen. Garsonla göz göze gelmemeye çalışarak çöktü bir masaya. Yanına oturmasını işaret etti Nilgün'e de. Az önce Serdar'la oturdukları masanın arkasındaydılar. Caddeden biraz daha uzak sayılırlardı şimdi.

Mete, önce başını kaldırıp caddeyi taradı hızlıca, sonra saatine bakınca telaşlandı. Ne yapacağını bilemiyor gibiydi. Elleriyle yüzünü kapatıp bekledi çaresizce. Çözmeye çalıştığı ama nedense bir türlü dile getiremediği bir derdi olmalıydı yine. Derin bir soluk alıp ellerini tuttu Nilgün'ün.

"Hah işte!" dedi Nilgün içinden. "Yine düşmüş bir kuyuya. Çıkarmamı isteyecek muhakkak. Bu seferki ne kadar derin acaba?"

Dalgalı uzun saçları tepesindeki topuzdan sıyrılıp terli yüzüne yapışmıştı Mete'nin. Bu haliyle ne kadar âciz, zavallı ve çaresiz görünüyordu Nilgün'ün gözüne. Halbuki uzun saçları, güçlü ve yapılı bedeniyle nasıl da vakur, pervasız ve dikkat çekici bir adamdı. Sahnede gitar çalarken devleşiyordu adeta. Yeteneğiyle büyüyen o ihtişamlı devin, hayatın içinde âciz bir çocuk olarak koşturup durması, üstelik sürekli tökezlemesi, yere kapaklanması ne kadar da garipti düşününce. Müzikteki yeteneğinden bir parçasını bile hayatını düzene sokmak için kullanamıyor oluşunu şaşkınlıkla izliyordu Nilgün.

"Yine ne oldu?" diye sordu. Konuşmasının başka insanlar tarafından işitilmesinden imtina ederek ayarlardı sesini. "Para mı?"

Mete henüz ağzını açmamıştı ki. Derdinin bu kadar çabuk anlaşılır olmasına sinirlendi. Sitem dolu sert bir ifadeyle uzun uzun baktı Nilgün'ün yüzüne.

"Yine..." diye tekrarladı. "Yine ne oldu, öyle mi?"

Mete'nin hem bu kadar sorunlu olup hem nasıl bu kadar üste çıkabildiğine hayranlıkla ve şaşkınlıkla bakıyordu Nilgün. Çaresiz ve birilerine her zaman muhtaç olan Mete'ydi ama sitemlere maruz kalıp geri adım atmak zorunda kalan, özür dileyen, mahcup çıkan Nilgün oluyordu hep bir şekilde.

"Öyle demek istemedim" dedi. Sevgilisinin terli yüzüne yapışan saçlarını kaldırıp yanağını okşadı şefkatle. "Bir sorun olduğu belli işte. Ne oldu? Neden iyi değilsin?"

Annesine nazlanan yaramaz çocuklardan farksız bir tutumla bakışlarını yere devirip "Çok canımı sıkıyorlar" dedi Mete. "Menajerle yaşanan sorunları biliyorsun. Avansını aldığım halde gitmediğim konserlerle ilgili."

"Anladım" dedi Nilgün. "Alacaklarını istiyorlar."

"Hem de faiziyle."

"Haklılar ama. Parasını aldığın işe gitmek zorundasın ya da gitmemek için geçerli bir sebep sunmalısın. En azından bir gün önceden aramalısın ya da parayı iade etmelisin."

Nilgün'ün avucunda sakladığı elini sertçe bırakıp ayaklandı Mete. Sırt çantasını ve gitarını yerden alıp gitmeye çalıştı ama omzundan kuvvetle bastırıp yerine oturtmayı başardı Nilgün.

"Tamam, tamam..." dedi. "Her şeyi yanlış anlıyorsun sen de bugün. Alınganlığın üstünde."

"Ben sana başımdaki derdi anlatmaya çalışıyorum sen kalkmış nasihat veriyorsun" dedi Mete dişlerini sıkarak. "Ben de biliyorum ne yapmam gerektiğini. Ama öyle değil de böyle oldu işte. Neden bu hale düştüğümü mü açıklayayım şimdi sana?"

"Ne kadar istiyorlar?"

"Yirmi bin lira" dedi Mete. Nilgün'ün tepkilerini izliyordu dikkatle. Bu sahiden de çok fazla olmuştu artık. Kendi de farkındaydı durumunun. Giderek her şeyin katlanılmaz bir hale geldiğini kabul ediyordu içten içe.

İki ay önce de 20 bin lira almıştı yine Nilgün'den. Üstelik o paranın da kimlere, neden borç olarak ödendiğini yeterince açıklayamamıştı.

Derin bir sessizliğe gömülüp gitmişti Nilgün. Düşünceliydi. Mete'nin para sorunuyla baş edecek gücü kalmamıştı artık. Dört yıldır neredeyse bir ev parası çıkmıştı cebinden ama ne elde vardı ne avuçta. Gelen gidiyordu işte. Ajanstan kazandığı parayla ancak Gümüşsuyu'nda oturdukları dairenin kirasını ödüyor, faturaları yatırıyor, mutfak alışverişi yapıyor, giyim kuşam ihtiyacını karşılıyordu ucu ucuna. Yıllardır bankaya para atabildiği yoktu Mete'nin bitip tükenmek bilmeyen maddi sorunları yüzünden.

"Şimdi de yirmi bin lira" diye düşündü. Mete'ye yardım etmezse koparlardı. Bunca yıllık ilişki, bunca emek, bunca özveri heba olur giderdi. İlle bir düzene oturacaktı hayatları. Ama bu kadar para verebilecek durumda değildi ne yazık ki. Kafası karışmıştı iyice. Ne yapabilirdi ki bu durumda?

"Nasıl çözeceğiz bu işi?" diye sordu Mete. "Kapıya dayanabilirler. Belki burada bile karşıma çıkabilirler. Belli olmaz."

"Senin bu para derdinden bıktım usandım artık. Neden bizim sorunumuz sayılıyor bu mesele? Neden ben de ortak oluyorum senin borçlarına? Hayatımız o derece müşterek mi yani? O borçları birlikte mi yaptık? O paraları birlikte mi harcadık da birlikte ödemek zorundayız? Daha doğrusu ben her zaman hep tek başıma ödemek zorundayım. Sen hayatımda dur diye bu kadar ağır bir yükün altında ezilmeye devam etmem haksızlık değil mi? Altı üstü sana âşık kalmak, birlikte mutlu yaşamak istiyorum. Neden bunun için hep bir bedel ödemek zorundayım? Sen olmasaydın şimdiye kadar bir ev satın alabilirdim. En azından onca parayı kendime harcayabilir, mutlu hissedebilirdim. Neden sadece ben emek vermek zorundayım bize, sen bizim için ne yapıyorsun acaba?" demek istiyordu Nilgün ama dudaklarını ısırdı konuşmamak için.

Çaresizce başını sallayıp "Olmaz" diyebildi. "Bu kadar param yok. Olsa verirdim biliyorsun, hep verdim."

"Biliyorum" dedi Mete. Üste çıkmaya çalışmanın bir anlamı yoktu şu saatten sonra. Nilgün'ün çaresiz kaldığının farkındaydı o da.

"Buraya kadar!" dedi Nilgün ağlamaklı bir bakışla. "Gücüm tükendi. Param kalmadı. Bitti. Nasıl istersen öyle yap. İstersen taşınabilirsin de. Artık senin için yapacak bir şeyim yok, sanırım bu yüzden hayatında bir yerim de yoktur."

Mete'nin korkuyla büyüyen gözleri, Nilgün'ün bakışlarını yakalamaya çalışıyordu endişeyle.

"O ne demek?" dedi Mete. "Sensiz bir hiçim ben. Seni seviyorum. Benim için bir şey yapman gerekmiyor. Zaten yaptın yapacağın kadar. Daha ne yapacaktın? Böyle düşünme. Sen başımın tacısın benim. Tamam, kalk gidelim artık. Söylemedim say. Yok öyle bir şey. Ben hallederim. Kendim hallederim. Sen düşünme, üzülme sakın olur mu?"

Kafeden çıkıp Gümüşsuyu'na kadar konuşmadan yürüdüler el ele. İkisi de düşünceli, ikisi de ne yapacağını bilemez haldeydi. Ne Mete vazgeçmeye hazırdı Nilgün'den aslında ne de Nilgün hazırdı bu ilişkiyi bitirmeye. Ne kadar yorgun ve yıpranmış olsa da verdiği emekleri terk edip gitmeye elvermiyordu içi. Keşke şartlar bu kadar zorlayıcı olmasaydı nasıl da mutlu olurlardı ama ne yazık ki öyle değildi işte. Başlarında hep bir dert vardı. Mete'nin bitip tükenmeyen borçları. Sorumsuzluğu yüzünden neden olduğu maddi zararlar.

Mete, kapıyı açıp geçmesi için Nilgün'ün önünden çekildiğinde "Ben kredi çekebilirim" dedi Nilgün.

"Anlamadım?"

"Kredi çekeyim ben. Yirmi bin lira tüketici kredisi. Hem de hemen yatırırlar bana. Puanlarım gayet yüksek."

Sahiden de ertesi gün lazım gelen rakam kadar tüketici kredisi çekmeyi başarmıştı Nilgün. Parayı olduğu gibi Mete'nin hesabına aktardı. Borcunu ödemek için bankaya koşturan Mete, o akşam eve dönmedi. Konuyla ilgili görüşmelerinin uzun süreceğini, gece beklemeyip erken yatmasını söyledi Nilgün'e. "Merak etme..." dedi. "Sen benim her şeyimsin. Seni her şeyden çok seviyorum. Sen olmasaydın ben de olmazdım. Kimse senin gibi sevmedi beni. Kimse senin inandığın kadar inanmadı bana. Aşkın çok kıymetli sevgilim. İyi ki varsın, iyi ki benimsin."

Mete'nin her şeyiyle tamamen ona bağlı olduğunu hissetmek tarifsiz bir huzurdu Nilgün açısından. Ağır sorumluluklara ve riskli bedellere razı olmak zorunda kaldığı bir huzur.

"Olsun..." dedi içinden. "Önemli olan onun bana her şeyiyle bağlı olması, benden kopamaması, beni sevmesi."

Öyle ya. "Artık bitti, belki artık hayatında da yerim yok" dediğinde nasıl da korkuya kapılmıştı Mete. Konuyu derhal kapatmış, meseleyi tek başına çözmeye kalkışmıştı. "Benim için bir şey yapman gerekmiyor. Zaten yaptın yapacağın kadar" demişti. Nilgün'ün bütün fedakârlıklarının farkındaydı. Daha fazlasını isteyemeyeceğini bildiği için "Ben hallederim, sen düşünme lütfen" diyerek sonlandırmıştı konuşmayı.

"Ben de seni seviyorum" demişti Nilgün. "Sevgine, bağlılığına güveniyorum. Elinden geleni yapıyorsun. Birlikte başaracağız, merak etme, her şey düzelecek."

"Kredi borcunu sana ödetmeyeceğim, yemin ederim" diye karşılık vermişti Mete. "Taksitlerini düzenli olarak ben ödeyeceğim. Her ay bütün konserlere gidip çalacağım, para kazanacağım ikimiz için. Bizim için."

Mete'nin eve dönmediği o gece aklı kredi taksitlerinin nasıl ödeneceğine takılı ama içi rahat ve huzurlu uyudu Nilgün. Sevdiği adamın geceyi başka bir kadınla geçirdiğinden habersiz.

> 🙶
>
> Derin bir aşkla sevilmek
> insana güç verir. Derin bir aşkla
> sevmek ise cesaret.
> – Lao-Çe
>
> 🙶

BAĞIMLILIK BİR SEVME KUSURUDUR

Biri asalak, diğeri fazlasıyla verici. Dışarıdan bakıldığında iki zıt kutup gibi görünse de aslında ikisi de bağımlı kişilikler olarak yer alıyorlar bu ilişkinin içinde.

Mete'nin maddi ve manevi açıdan bütün varlığı hayatındaki kadının iradesiyle anlam buluyor ve yaşamını ancak böyle devam ettirebiliyor. Bu örnek hikâyede Mete'nin özellikle Nilgün'e karşı büyük bir bağımlılık ve aşk beslediği tabii ki söylenemez. Mete'ninki gibi başkalarının gücü ve iradesiyle hayatını sürdürebilen bağımlı kişilik özelliği gösterenler, kişiye değil, koşula odaklıdır.

"Sensiz ben bir hiçim!" aslında romantik bir replik değil.

"Ben bağımlı kişilik bozukluğuna sahibim. Karar verirken, adım atarken, düşünürken, hayatın içinde yol alırken, yeteneklerimi ortaya koyarken, tek başıma olamıyorum, bu beni korkutuyor!" demektir bu.

Burada belki bir ilişkiden söz edilebilir ama sevgiden söz etmek mümkün değildir.

Sevgide bağımlılıklar ve korku yoktur.

Sevgide muhtaçlık duygusu yoktur. Muhtaçlıktan dolayı kararlar almak ve uygulamak yoktur.

İlişkinin güçlü tarafı Nilgün'müş gibi görünse de aslında onunki de başka bir bağımlılık şekli. İkisi arasında hiç fark yoktur. Bağımlılık geliştirerek sevilmeyi beklemekle, sevilmek karşılığında rüşvet vermek birbirinden hiç de uzak davranışlar değil.

Aşırı bağımlı kişiler hakkında etrafındaki herkes onun iyi bir insan olduğu yolunda neredeyse hemfikirdir.

Nilgün de Serdar'ın gözlemlerinden öğrendiklerimiz sayesinde "iyi bir insan" olarak çıkıyor sahneye. Kimsenin üstünden geçinmiyor, kimseye yük değil, kendi parasını kendi kazanıyor, hayatını idame ettiriyor, sorumluluklarının farkında, evinin kirasını kendi ödüyor, düşmanı yok, savaşı yok, kimsenin yardımına ihtiyacı yok, üstelik başkalarına yardım ediyor.

Serdar'ın bütün bu gözlemleri Nilgün'ü "iyi bir insan" olarak tarif etmeye yetiyor.

Nilgün, içinde patlayan yanardağdan taşan bütün lavları yutup içine hapsetmeyi başarıyor. Söylemek istedikleriyle söyledikleri bambaşka. Serdar'a daha büyük tepkiler göstermek hatta daha ezici cümleler kurup onu yerden yere vurmak istediği halde bir iki şakalı kinayeyle kendini tatmin edip susmayı tercih ediyor. Serdar'ın karısıyla ilişkisinden hiç hoşlanmadığı belli, onlarınkini yapmacık ve çıkarcı bir ilişki gibi görüyor, hatta Serdar'ın kendi sevimsiz ilişkisine bakmadan kalkıp Nilgün'e Mete'yle yaşadıkları üzerinden ders vermesi hiç ama hiç hoşuna gitmiyor. Buna rağmen açıkça kendini ifade etmeye yanaşmıyor Nilgün. Hatta Serdar'ı bir daha aramamaya karar vermesi bile kendi iradesiyle ortaya çıkmış bir karar değil.

Kendince Serdar'ın zihnini okuyup onu çok sıktığını, bir daha görüşmek istemeyebileceğini, hatta "İyi ki sevgilim değil!" düşüncesine bile kapılmış olabileceğini kendine telkin ederek uzaklaşıyor Serdar'dan.

Aşırı bağımlı kişiler, herkesi "iyi bir insan" olduklarına ikna etmeye çalışır. Onlarla ters düşecekleri ya da çatışmaya girecekleri ortamların oluşmasına mümkün mertebe izin vermezler. Böylece kendi kişiliklerini yitirirler. Kendilerine değil, kendileriyle ilgili başkalarının fikirlerine odaklıdırlar.

Dolayısıyla Nilgün de kendi iradesiyle Serdar'a küsüp artık onunla konuşmak istemediğini açıkça ifade edip kişiliğini ortaya koymak yerine "O aramadığı sürece görüşmeyeceğim!" diyerek içte içe, kimselerin görmediği, tanık olmadığı pasif bir agresyon sergiliyor kendince.

Aşırı bağımlı kişiler, kişiliklerini çocukluk yıllarında kaybetmeye başlarlar çoğunlukla. Her zaman evin en uslu, en söz dinleyen ferdi olarak büyürler. Mutlu bir hayat sürmek için etraflarındaki insanların ondan beklentilerini yerine getirmeyi yaşamsal bir gereklilik olarak öğrenirler. Böylece aşırı bağımlı kişiler olarak atılırlar hayat sahnesine. İlgi ve sevgi görmek için bedeller ödemeye, rüşvet vermeye hazırdırlar. Zaten aşırı bağımlı kişiler sevginin rüşvet dışında başka bir yolla oluşmasının mümkün olmadığına inanırlar. Bedelini ödemedikleri bir sevgiyi hak etmiş olmazlar ki! Bu bağımlılık ihtiyacını tatmin edebilmek için bedel ödemek zorunda bırakırlar kendilerini. Satın aldıkları şeyin sevgi olduğuna inanırlar.

Kendi kişiliğinden vazgeçme meselesi üzerinde özellikle durmak gerekiyor. Başkalarının nazarında "iyi insan" olmak uğruna kişiliğini yitirenler ve sevilmek karşılığında kendilerinden ödün vererek de ayrıca kişilik kaybı yaşayanlar, karşı konulamaz bir öfke içindedirler de aynı zamanda. Üstelik nazarında "iyi" göründükleri kişilere karşı besledikleri öfkeyi gizlemek, baskı altında tutmak zorundadırlar. Kendilerini olduğu gibi ifade ettiklerinde, muhtaç oldukları bağımlılığı tatmin edebilmenin başka bir yolu kalmayacaktır.

Nilgün, Serdar'ı kaybetmeyi göze alamadığı için ona karşı beslediği öfke dolu duygularını güç de olsa bastırmak zorunda kaldı. Serdar'ın sevgisini ve güvenini kazanabilmek için yıllar boyunca büyük emekler verdiği belli. Bu da bir tür bedel ödemektir Nilgün açısından. Kişiliğini yitirdiği bu alışveriş karşısında ister istemez ortaya çıkan öfkesinin olduğu gibi açığa çıkmasına izin vermek ödediği bedellerin hepsini boşa çıkaracaktır. "Artık seninle görüşmeyeceğim Serdar!" demek yerine "O beni aramadığı sürece görüşmeyeceğim!" kararını kimseye duyurmadan, kendi kendine içinden veriyor ve bu şekilde öfkesini boşaltabilmenin yolunu deniyor.

Nilgün, daha büyük bedeller ödediği Mete'ye karşı elbette çok daha büyük bir öfke ve düşmanlık besliyor.

Mete, onun tek aşkı, yıllar boyunca emek verdiği, iyileştirmek için çaba gösterdiği biricik ilişkisiymiş gibi görünse de, sevgi karşılığında ödediği bedellerle içinde kişiliğini yitirdiği bir deneyim. Dolayısıyla Mete'ye karşı büyük bir öfkeyle dolu içi.

Mete'nin karşısında sahip olmak istediği kişilik bambaşka. Ona "Benden buraya kadar. Neden sevgin karşılığında sana sürekli para ödemek zorundayım ki, sen kimsin? Hayatımı neden zora sokacakmışım senin için? Hadi başka kapıya. Sevilmek için bu kadar ağır bedeller ödemek zorunda değilim. Hadi git başkaları sevsin seni!" demek istiyor ama yapamıyor.

Mete de bu bedeli ona nasıl ödeteceğini tabii ki iyi biliyor. Nilgün'e ihtiyacı olan sözleri sarf edip, bağımlılığını tatmin ediyor. "Sensiz ben bir hiçim!" diyerek ilk çıpayı atıyor aslında. "Benim için bir şey yapmana gerek yok, yapacağını yaptın zaten. Unut bunu. Sen benim başımın tacısın" dediğinde Nilgün artık tatminini yaşadığı bu bağımlılığın rüşvetini ödemeye çoktan hazırdı bile. Sadece bunu nasıl yapabileceğini bilmiyordu. Sonrasında kredi çekmek fikri geldi aklına.

Aşırı bağımlılığın Mete'ye de kendi kişiliğini kaybettirdiğini düşündüğümüzde ondan da Nilgün'e karşı bir öfke ve düşmanlık sergilemesini beklememiz yersiz olmayacaktı ki nitekim Mete'nin bağımlı olduğu kadını aldattığını gördük. Bağımlılıkların arkasındaki gizli düşmanlık duygularını görmezden gelmeyin.

"İnsanlar birbirlerine bir şeyler vermekten ve almaktan zevk duyarlar. Ancak bir insanın diğerine kendi gücünün çok ötesinde bir şeyler vermesi, karşısındaki insandan olumsuz duygular yaratabilir ya da birinden karşılığını veremeyeceği bazı şeyler alması onu tedirgin edebilir. Bu duygular alınan şeyin kimden geldiğine, verilen şeyin kime verildiğine, verilen ya da alınan şeyin ne ya da nasıl bir davranış olduğuna göre değişebilir. Ancak bazı insanlar sürekli bir şeyler vererek kendilerini kabul ettirme ya da tam karşıtı, diğer insanlarla ilişkilerinde asalak bir yaşantı sürdürme eğilimindedirler. Temelde bu tutumlar arasında fark da yoktur. Çünkü sürekli ve ayrım yapmaksızın vermenin gerisinde de kişi, diğer insanları kendisine bağımlı kılarak kendi bağımlılığına doyum sağlar.

Bağımlılık eğilimi her insanda vardır ve bu, onun toplumsallaşmış olmasının doğal bir sonucudur. Bir insanın kendi kendine yeterliği ve başkalarına bağımlılığı arasında belirli bir denge olması gerekir. Eğer bu denge bağımlılık yönüne doğru fazlaca kayarsa ortaya bazı sorunlar çıkar. Bir insan diğer bir insana aşırı oranda bağımlıysa bu onun kendi varoluş sorumluluğunu üstlenmekten kaçınmakta olduğunu gösterir. Böyle biri diğer insana muhtaç olduğu oranda ona yönelik düşmanca duygular da taşır. Çünkü varoluşunun sorumluluğunu ve kaderini bir başka insana teslim etmiştir. Bu kendi sorumluluklarını üstlenmiş iki insanın birbirine bağlılığından farklı bir durumdur.

Aşırı bağımlı kişi, kendine yakın insanlara karşı taşıdığı düşmanca duyguların çoğu kez bilincinde değildir. Üstelik bu kişileri sevdiğine de inanır, ama aslında sevmeden sevilmek istemektedir. Bu nedenle onlara kendisini sevdirmek için çaba gösterir ya da kendi kişiliğini ortadan silerek sürekli onların beklentisi doğrultusunda davranır."[3]

3. *İnsan Olmak*, Engin Geçtan, Metis Yayınları, 2003

Test

*Bağımlı Bir
Kişilik misiniz?*

SORU 1:

Sonunda evlenmeye karar verdiniz, hayırlı olsun. Çok heyecanlısınız, çok da mutlusunuz. İnanıyorsunuz ki sizin için doğru insan o. Birlikte çok mutlu olacağınızı hissediyorsunuz. Bunun için emek vermeye, onunla bir ömür aynı yolda yürümeye varsınız.

Her şey tam da olması gerektiği gelişiyor hayatınızda. Artık sıra birlikte mutlu, keyifli ve rahat bir hayat sürebileceğiniz güzel bir ev tutmaya geldi. Hem bütçenize uygun olsun hem de içinde huzurlu olun, rahat edin.

Birkaç tanesine gidip baktınız, araştırdınız, sordunuz, bütün alternatifleri değerlendirdiniz ve iki ev arasında kararsız kaldınız.

Nişanlınız kendi işine ve ailesine yakın, bildiği tanıdığı bir muhitte, fiyatı diğerinden daha yüksek olmasına rağmen daha küçük olan evi tercih etti.

Ama sizin aklınız öteki evde kaldı. Hem kirası o kadar yüksek değil de hem şehir içine daha yakın, böylece eğlenceli bir sosyal hayatınız da olabilir, daha mutlu, daha rahat edersiniz.

Fikrinizi söylediniz ama nişanlınız ille de kendi dediği olsun istiyor. Israr ettiğinizde ya geriliyor ya da üzülüyor.

Bu ev meselesi aranızı açacak gibi görünüyor. Sonunda o da seçimi size bırakıyor ama içiniz rahat değil. İlerleyen süreçte bunu burnunuzdan getirebileceği endişesine kapılıyorsunuz. Ev işine uzak diye her gün söylenmesinden endişe ediyorsunuz. "Senin yüzünden buraya geldik!" cümlesini işitmek istemiyorsunuz. Ama onun seçtiği evde yaşamak da sizin hayatınızı güçleştirecek. Üstelik bu bir ev arkadaşlığı da değil, evlilik.

Öyle geçici kararlar da alamazsınız. Bu süreçte nasıl bir tutum takınmayı tercih edersiniz?

a) Nişanlımı çok seviyorum, onun mutluluğu da rahatı da benim için çok kıymetli. Kendini mutsuz hissedeceği bir evde oturmasını istemem. Her sabah işe giderken stres yaşamasına, tanımadığı bir muhite zorla alışmaya çalışmasına razı olamam. Bu yüzden oturmak istediğim ev konusunda ısrarcı olmam. Yeni muhite ben alışırım, trafiği ben çekerim, sorun değil. Önemli olan evdeki huzurumuz ve onun kendini iyi hissetmesi. Çünkü o mutlu olursa beni de mutlu eder.

b) Biz hayatımızın geri kalanını birlikte geçirmeye karar verdik. Dolayısıyla ikimizin de bir evin içinde kendini iyi ve mutlu hissediyor olması lazım. Nişanlımın ısrar ettiği ev konusunda fikrimi söylerim. Bütçemizi zorlayacak, işime uzak, üstelik içime de sinmeyen bir evde zorla oturmaya razı olamam. Ben o evin içinde mutsuz olursam hayatımdaki insanı da mutsuz ederim. Bu ikimize de haksızlık olur.

c) Altı üstü kiralık bir ev yüzünden hayatımın geri kalanını birlikte geçirmeyi arzuladığım insanı kaybetmek istemediğim için onun seçtiği eve yerleşmeyi ve o yeni koşullara alışmayı tercih ederim ama oluşacak diğer sıkıntıları önlemek için bana bir araba alınmasını teklif ederim.

SORU 2:

Aklına, fikrine, rehberliğine, yoldaşlığına çok güvendiğiniz bir aile büyüğünüz var. Ne hoş. Her konuda akıl danışabileceğiniz, deneyimli, zeki, girişken biri. Üstelik sizden büyük olmasına rağmen yaşıtınızmış gibi de hareketli, neşeli, kafa dengi, güler yüzlü. Ona hem büyüğünüz olduğu için saygı duyuyorsunuz hem de eğitimi, kültürü, deneyimleri sayesinde size yol rehberliği yaptığı için minnettarsınız. Başınız ne zaman sıkışsa hep ona koştunuz. Sizi hiç geri çevirmedi. Büyük kararlar alırken hep ona danıştınız ve o sizi can kulağıyla dinleyip elinden geldiğince yoldaşlık etti. Hayaller kurdunuz destekledi. Ağladınız omzunu verdi. Mutlusunuz diye mutlu oldu, üzüldünüz diye dertlendi.

Hayatınızın sonuna kadar hep yanınızda olsun istediğiniz kıymetli biri. Lakin sizi zorlayan bir tarafı var. Özellikle de kalabalık ortamlarda, keyifli sohbet masalarında bazen coşkuya kapılıp fazla eleştirel davranabiliyor. Belki daha bilgili, daha deneyimli olmasından alıyor bu gücü. Ama art niyetli, kötü niyetli, incitici değil. Yine de eleştirilerinin dozunu ayarlaması gerektiğini düşünüyorsunuz siz çünkü kimin ne kadar kırılabileceğini, etkilenebileceğini düşünmüyor gibi. Sizi daha çok sevdiği ve daha çok tanıdığı için bu kalabalık dost ortamlarında odağında özellikle hep siz varsınız.

Kıymetli büyüğünüzün iyi niyetli eleştirileri, başkalarının yanında daha incitici, daha yaralayıcı geliyor size. Bir türlü barışamadınız siz de kendinizle. Eleştirilere hiç tahammülünüz yok. Ne kadar uğraşsanız da eleştirinin dozu artınca kırılıyorsunuz, etkileniyorsunuz.

Kıymetli büyüğünüz sizi bu kez sevgilinizin yanında da eleştirmeye kalkınca sinirleriniz iyice bozuldu. Hatta sevgilinizin de bu eleştirilerden etkilendiğini görünce duruma müdahale etme zamanınızın geldiğine karar verdiniz.

Bütün bu olan biteni nasıl yönetirdiniz?

a) Hayatımın her döneminde, mutluluğumda da mutsuzluğumda da hep yanı başımda bana destek olurken bulduğum insanı, arkadaşlarımın yanında gururum kırılıyor diye kaybetmeyi göze alamam. Hem bunu da beni çok sevdiği için yapıyor zaten. Bilse ağzını bile açmaz. Durup dururken ona benimle ilgili konuşurken biraz daha dikkatli ve özenli davranmasını isteyerek kalbini kıramam. Beni üzdüğünü bilirse kendi daha da üzülür. Yerin dibine girer. Ayaklarıma kapanıp özür diler. Koskoca insanı bu şekilde yıpratamam. O benim her şeyim.

b) Bende çok hakkı olduğu için ve beni çok da sevdiğinden söyleyeceklerimi anlayacağından, bana hak vereceğinden eminim. Dostlarımın yanında özellikle de sevgilimin yanında benimle ilgili konuşurken sınırı çok da aşmamasını rica ederim. Ona büyük bir gönül borcum var ama böyle fütursuz konuşmaya devam ederse kendimi iyi hissetmediğim bir ortamda bulunmam bundan sonra. Görüşmeyi kesmek zorunda kalacağımı belirtirim.

c) İyi günümde de kötü günümde hep yanımda olmuş kıymetli bir aile büyüğüme haddini bildirecek kadar saygısız değilim, bu onu çok incitir. Katiyen kalbini kıramam. Ancak bundan sonra dost sohbetlerine de katılmam. Bir bahane uydurup uzak dururum. Sevgilimi de onunla bir araya getirmem.

SORU 3:

Uzun yıllar süren güzel bir ilişkiniz var. Çok mutlusunuz. Aklınızda fikrinizde hep o var. Hatta evlenmeyi bile geçiriyorsunuz içinizden. Ondan daha iyisini mi bulacaksınız sanki? Hem yıllardır iyice tanıdınız da artık birbirinizi. Tabii ki sizin de zaman zaman tartıştığınız oluyor, bazen çocuk gibi küsüyorsunuz birbirinize, belki diğeri nazlanıyor, öteki gönlü alınsın diye bekliyor ama çok şükür ki üstesinden gelemediğiniz ciddi sorunlarınız olmadı şimdiye kadar. Karşılıklı küçük nazlanmaların, kaprislerin, küsüp barışmaların ayrı bir tadı var sizin için.

Talihsizlik bu ya, meğer sandığınız mutlu ilişkiyi yaşamıyormuşsunuz aslında. Her şey bir yalanmış. Âşık olduğunuz insanı hiç mi hiç tanımamışsınız. Hiçbir şey gerçek değilmiş. Meğer hayatında biri daha varmış ve sizin ruhunuz bile duymamış. Hep idare edilmişsiniz. Sonunda her şey ortaya çıkınca yollarınız ayrıldı tabii ister istemez.

Kalbiniz çok kırık. Büyük bir sarsıntı geçiriyorsunuz. Bunca zamandır bir yalanın içinde yaşadığınızın farkına varmışsınız. Mutlu bir aşk hikâyesi maalesef acılı bir sonla bitmiş gibi gelmiyor size. Çünkü ortada zaten bir aşk yokmuş. Birlikte geçirdiğiniz yıllar büyük bir kayıp. Kaybettiklerinizi geri kazanmak derdindesiniz. Hayatınızda açılan bu boşluğu nasıl yönetirdiniz?

a) Büyük bir aşk yaşadığımı sanıyordum ama meğer işin içinde aşktan eser yokmuş. Dolayısıyla yalanlarla kaybettiğim boş yılları, gerçek bir ilişkiyle, gerçek bir aşkla doldurmak isterim ve hemen yeni bir ilişkiye başlarım. Kendimi olmayan bir aşkın acısına terk etmem.

b) Uzun zamandır bir yalanın içinde olduğumu öğrenince ister istemez üzülürüm. Ortada hiçbir şey yokmuş gibi devam edemem hayatıma. Ama bu tecrübenin acısını başkalarından çıkaracak da değilim. Hayat devam ediyor. Tabii ki yeniden seveceğim, yeniden güveneceğim. Belki sadece biraz zamana ihtiyacım vardır hepsi bu.

c) Uzun süre hayatıma kimseyi alabileceğimi sanmıyorum. Bu acı tecrübe başkalarına karşı güvenimi fazlasıyla sarsar. Kendimi yalanlardan korumayı tercih ederim. Yeni deneyimlere daha temkinli yaklaşırım. Bir daha kimseyi kolayca hayatıma almam. Çok dikkatli davranırım. İnce eleyip sık dokurum. Duygularımı dizginlerim.

SORU 4:

Ortada bir proje var ve bunu ancak siz hayata geçirebilirsiniz. Etrafınızdaki herkes bu projeyle ilgili sizin yeteneklerinize ve tecrübenize güveniyor. Ancak çok da riskli bir işle karşı karşıyasınız. Projeyi başlatıp üstesinden geldiğinizde maddi manevi kazancınız büyük olacak kuşkusuz. Kariyerinizin bundan sonrasını yıldız olarak geçirebilirsiniz. Ancak işi iyi yönetmediğinizde çalıştığınız kurum hayli büyük bir maddi kayıp yaşar.

Herkes bu işi sizin başarabileceğiniz konusunda hemfikir. Sahiden de yapamamanız için ortada hiçbir neden de yok gibi. "Ne var ki bu işte, gayet de güzel yapabilirim!" diyorsunuz içinizden ama işin riski gözünü korkutuyor. Yapabileceğiniz bir işle ilgili bile kaygıya düşürüyor sizi. Ne olursa olsun severek çalıştığınız kurumunuzun sizin başarısızlığınız yüzünden maddi bir kayıp yaşamasını istemiyorsunuz. Bu projeyle ilgili biraz düşünmeye ihtiyacınız olduğunu söyleyip zaman istediniz.

Düşünüp taşındıktan sonra kararınız ne olurdu?

a) Zaten yıllardır yaptığım şeyi yapacağım sonuçta. Başarma ihtimalim çok yüksek olduğu halde çalıştığım kurumun benim küçük bir hatam yüzünden maddi kayıp yaşayabileceği riskini göze alamam. Onlara zarar veremem. Bu projenin sorumluluğu ağır benim için. Maalesef bu projede yokum. Çünkü risk büyük. O riskin altına giremem.

b) Başarabileceğime inandığım bir proje duruyor karşımda. Sahiden de bütün çalışma arkadaşlarımın inandığı gibi benim kolaylıkla üstesinden gelebileceğim bir iş. Risklerine rağmen, seve seve başlatırım bu projeyi. Bütün kontrol bende.

c) Projenin üstesinden başarıyla gelebileceğimi biliyorum ama yine de çalıştığım kuruma maddi zarar verebileceğim endişesi yüzünden bu projeyi ben yönetmek istemem. İşi başkasına devretmelerini isterim. İşi alacak olan kişiye tam destek vereceğimi garanti ederim. Sorumluluk almadan işin üstesinden gelmiş olurum.

Değerlendirme:

a'lar çoğunluktaysa:

Güçlü bir bağımlı kişilik özelliği gösteriyorsunuz. Bu konuda profesyonel destek isteyin. Kitap boyunca sözü edilen sevgide bağımlılık, bağlılık, muhtaçlık, ihtiyaç ve beklentilerin söz konusu bile olmadığı üzerinde özellikle durarak bilgiyi almanız ve kullanabiliyor olmanız sizin açınızdan değerli bir hamle sayılacaktır. "Sevgi"nin ne olup ne olmadığı konusuna vakit ayırmanız çok önemli.

b'ler çoğunluktaysa:

Bağımlı kişilik özelliği göstermiyorsunuz. Bu kişilik alanınıza, diğer bir deyişle benlik sınırlarınıza sahip çıktığınız ve koruduğunuz anlamına gelir ki bu da "Hayır!" diyebilen insanlardan olduğunuzu gösterir. "Hayır!" diyebilen kişi, benliğinin farkında olan, özsaygısına sahip çıkan kişidir. *Hayır Diyebilme Sanatı* adlı ilk kitabımızda özgürlüğünüzün hayır diyebilme sınırlarınız kadar geniş olduğu konusu üzerinde uzun uzadıya durmuştuk.

c'ler çoğunluktaysa:

Bağımlılığın sizi esir ettiğini, benlik sınırlarınızı daralttığını, özgür olamadığınızı, hayır demekte sizi çok zorladığını fark ediyorsunuz ki bu önemli bir biliştir. Ne var ki bilmenize rağmen bununla nasıl başa çıkabileceğiniz konusunda çaresiz hissediyorsunuz. Çünkü kaybetme korkunuz hep çok daha baskın. *Hayır Diyebilme Sanatı* adlı ilk kitabımızın bu konuda size oldukça yol gösterici olabileceğini düşünüyoruz.

Ayrıca sevginin ne olduğunu ve ne olmadığını tam anlamıyla anladığınızda, bu kitapta sözü edilen güçlü sevgiyi hayatınızda var ettiğinizde, kaybetme korkusu hissetmeyeceksinizdir ki bu sizi fazlasıyla özgür kılacaktır.

Her şeye rağmen tek başınıza ilerleyemeyeceğinizi hissediyorsanız bu konuda lütfen profesyonel destek isteyin. Çünkü belli ki siz zaten problemin nerde olduğunu biliyorsunuz.

TAHMİNCİLİK OYUNU

Tahmincilik oynamak zihnin sevdiği faaliyetlerden biri.

"Beyin, eğer bir tehlike deneyimlemişse, hayatta kalmak için bununla ilgili örüntüler geliştirmeye devam eder" demiştik, hatırlarsanız. Bir köpek tarafından saldırıya uğramışsanız diğer bütün köpeklerin tehlikeli olabileceğiyle ilgili temkinler geliştirmeniz, dikkatli ve mesafeli olmaya çalışmanız gibi. Bir köpeğin önünden mamasını alırken saldırıya uğradıysanız, beyin bu konuda da bedeni hayatta tutmak için örüntüler geliştirerek aç hayvanı yemeğiyle tehdit etmemek gerektiği örüntüsünü kurarak sadece köpeklerle ilgili değil bütün hayvanlarla ilgili, yemek sırasında mamayla şaka yapılmaması gerektiği çıkarımına ulaştırabilir sizi.

"Kedinin önünden etini alırsam pençe atabilir."

"Mama yerken hiçbir hayvanın yanına yaklaşmamalıyım, benim bir tehdit oluşturacağımı düşünebilir, korkup saldırganlaşabilir."

"Aç hayvana mamayla ilgili oyunlar yaparsam saldırısına uğrayabilirim."

Bunların hepsi beynin yaşadığı bir olayla ilgili bedeni hayatta tutmak için geliştirdiği örüntülerdir ki tehlike karşısında ya da olası bir tehlikeden korunmak adına beynin değerli bir becerisidir.

Ne var ki sosyal yaşamın içinde tehlike söz konusu olmadığı halde örüntülerine devam eden zihin, bu faaliyetini yerli yersiz kullanmaya devam ettikçe bir süre sonra iş tahmincilik oynayama kadar varıyor.

Mesela hikâyenin içinde izlediğimiz Nilgün'ün zihni tahmincilik oynamak konusunda gayet başarılı.

Ajanstan arkadaşı Serdar'la bir kafede oturmuş kahve içerken, ona yayınevinde yaşadıklarından ve Mete'yle ilişkisinden söz ediyor ama bir süre sonra Serdar konuyla ilgili böyle düşünmesine neden olacak hiçbir şey söylemediği halde, hiçbir tavır takınmadığı halde onun sıkılmaya başladığına kanaat getirdi. Hatta hakkında ileri geri konuştuğunu varsayarak birtakım cümleler bile kurdu zihninin içinde.

"Bu kadından sevgili de olmaz, eş de olmaz!"

"Yazık, Nilgün de yaşadığı şeyi aşk sanıyor!"

"Mete'yle ilgili kendini kandırıyor!"

Bunların hiçbiri Serdar'ın sözleri değil. Nilgün, her birinin Serdar'ın aklından geçmiş olabileceğini tahmin ediyor sadece.

Haklı olabilir mi?

Olabilir de olmayabilir de.

Serdar sahiden de çok önemsiyor gibi göründüğü, derdini seve seve dinlediği arkadaşı hakkında içinden "Bu kadınla sevgili olunmaz!" diyor olabilir, ama olmayabilir de.

Bu iki ihtimal arasında gidip gelerek, sağlıklı bir sonuç yaratmak mümkün değildir. Serdar bütün bu düşüncelere sahip olsa da olmasa da, Nilgün oynadığı tahmincilik oyununun sonunda sadece kendi düşüncelerini tahrip etmiş olacaktır ve bu düşüncelerinin bir sonucu olarak ortaya çıkan olumsuz hisleriyle olumsuz tutum ve davranışlara düşerek, onu mutsuz edecek sonuçların içinde bulacaktır kendini ister istemez.

Başkalarının düşünceleri hakkında tahmincilik oynamak "gerçekçi" değildir. Kimsenin tam olarak ne düşündüğünü bilmek mümkün değil. Samimi şekilde itiraf ettiğini söylese de düşüncelerinin kesinlikle bu olduğu iddia edilemez. Dolayısıyla oradaki yersiz karmaşanın içine dışarıdan müdahil olmanın mantıklı bir açıklaması da olamaz.

Hiçbir konuda, hiç kimseyle ilgili, hiçbir durumdan dolayı tahmincilik oynamayın.

Nilgün'ün de zihni belki bu konuda birtakım örüntülere sahip. Belki bizzat kendisi aynı şeyleri düşünüp hissediyor başkalarıyla ilgili. Belki izlediği filmlerden, okuduğu kitaplardan ya da sosyal medyadaki dayanaksız tartışmalardan dolayı erkeklerin fedakâr ve alıngan kadınların sorunlu olduklarını düşündüğüne inanıyor. "Bunlarla sevgili olunmaz!" düşüncesine kapıldıklarını kabul ediyor zihninde. Dolayısıyla bu noktadan hareketle Serdar'la da ilgili birtakım örüntüler oluşturuyor ister istemez.

Bir daha görüşmek bile istemeyeceği sonucunu bile çıkarıyor Serdar konuyla ilgili bunları düşündürecek hiçbir davranışta bulunmadığı halde.

Tahmincilik oyunu yüzünden geliştirdiği olumsuz düşünceler ister istemez gerginlik, aşağılanma, istenmeme, değersizlik hissettirdi Nilgün'e ve çaresizce karşı saldırıda bulunmak zorunda bile bıraktı kendini. Serdar'ın eşiyle ilgili imalı ve sert sözler sarf etti. "Kimse özveride bulunmuyor. Kimse kendinden ödün vermiyor. Herkesin kuyruğu dik. İşte ideal ilişki diye ben buna derim. Aman geç kalma yetiş karına!" derken Nilgün'ün zihninde işlerin çok da yolunda gitmediği ortada.

İkisinin sohbetini dışarıdan izlediğimizde Serdar'ın bu saldırıyı hak edecek hiçbir şey yapmadığını söyleyebiliriz. Hatta arkadaşına karşı gayet anlayışlı ve toleranslı davrandığı bile kabul edilebilir. Ne var ki Nilgün'ün tahminciliği, iletişimin sağlığını bozuyor bir noktada.

Başkalarının zihninin yanına boş bir konuşma balonu yerleştirmek ve içini alabildiğine doldurup, bütün bunlar sanki o başkasına aitmiş gibi düşünceler, hisler ve tepkiler geliştirmek hiçbir açıdan "gerçekçi" kabul edilemez.

"Bana söylemedi ama eminim ki beni sevmiyor."

"Konuşmadık ama ona rakip olduğumu düşünüyor. Bu yüzden ondan uzak duruyorum."

"Hakkımda yanlış bir fikre kapıldığını düşündüğüm için bir daha aramadım."

"Bana kızgın olduğunu düşündüğüm için onunla iletişimimi kopardım."

"Beceriksiz olduğumu düşünmesinler diye o işin içinde olmayı kabul etmedim."

Başkalarının ne düşündüğü ya da düşünmediği üzerinden tahminlerde bulunarak birtakım düşünceler geliştirmek, bu yolda kararlar alıp uygulamak, resme uzaktan bakmayı başarabildiğinizde tabii ki size de mantıklı görünmeyecektir. İş ki kendinizi tahmincilik oyununun içindeyken yakalamayı başarın ve müdahale edin.

Hiçbir konuda ve hiç kimseyle ilgili tahmincilik oyunu oynamayın. Hatta kendinizle bile.

Bu zihinsel manipülasyon elbette sadece başkalarıyla ilgili değil, kişinin kendiyle de ilgilidir çok zaman.

Sürekli kötü bir şey olacağını, bir şeylerin yolunda gitmeyeceğini, işlerin sarpa saracağını düşünüp bununla ilgili hiç de gerçekçi olmayan tahminler üretmek, üstelik bu tahminleri doğruymuş gibi kabul edip hissetmek, buna göre tutum ve davranışlar sergilemek çok da keyifli bir oyun gibi gelmiyor kulağa değil mi?

"

Sevmek, sıra dışı ya da kahramanca şeyler yapmak değil, sıradan şeyleri hassasiyetle yapmaktır...

– Farid Farjad

"

CIMBIZLAMA

Cımbızlama da zihinsel bir manipülasyondur. Olumlu olan şeyleri görmezden gelip olumsuzlar üzerinde durup düşünmeye, hislenmeye ve tavır geliştirmeye devam etmektir.

Hikâyedeki Nilgün karakterinin de zihni cımbızlama konusunda hiç de fena sayılmaz.

Serdar'ın hakkında söylediği hiçbir olumlu yorumu alıp kabul etmemesine karşılık, söylemediklerinden ve yapmadıklarından bile olumsuz düşünceler ve hükümler çıkarmayı başardı.

Serdar, arkadaşının ne kadar yetenekli olduğundan, iyi bir kaleme sahip olduğundan, iyi bir insan olduğundan, yardımsever olduğundan yüzüne karşı söz ettiği halde, Nilgün bunları kabul edip onaylamadı bile içinde. Duymazdan gelmeyi tercih etti ya da doğru olmadığını düşündüğü için kapadı kendini. Serdar'ın Nilgün hakkında sarf ettiği güzel sözlerinin hiçbiri karşılık bulmadı. Ne içsel bir iyi hissediş, ne bir teşekkür, ne de duymuş ve anlamış gibi tepki dahi vermedi Nilgün.

Bunun yerine Serdar'ın ağzına bile almadığı kelimelerle olumuz yargılara vardı, görüşmeme kararı bile aldı, onu sıktığına hükmetti, "İyi ki sevgilim değil!" diye aklından geçirdiğinden emin oldu, buna göre davranıp tepki bile gösterdi.

Çünkü cımbızlamaya odaklı bir zihin, olumlu olan her şeyi bir rastlantıya bağlar. Nilgün'ün zihni yüksek ihtimalle "Serdar herkese böyle iltifat ediyordur, sana güzel sözler söylüyor olması geçekçi değil. Serdar'ın iltifat alışkanlığıyla ilgili bir şey" karşılığını veriyor, bu yüzden olumlu olan hiçbir şeyi içeriye alıp kabul etmiyor.

Ne var ki olumsuz olan her şeyin ille bir anlamı vardır. Hiçbiri tesadüf değildir. Nilgün "değersiz" olduğundan emindir, bu yüzden hak ettiği saygıyı görememiştir yayınevinde. Nilgün zaten kimsenin ne dost ne sevgili olamayacağı kadar sorunlu bir kadındır, bu yüzden aldatılıyordur. Bütün olumsuzlukların ille de çok derin bir anlamı vardır hayatında ama olumlu her şey sadece bir rastlantıdır ve gerçek bile değildir.

Bu zihinsel manipülasyon, öncelikle kişinin kendiyle sağlıklı iletişimini bozduğu için buradan güçlü bir sevgi bağı elde etmek mümkün olmaz.

Olumlu olanı yok saymak, hükümsüz kılmak bir kusurdur. Sevme becerisinin önündeki engellerdendir.

Övgülere karşılık vermemek, çok zaman erdemli bir davranışmış gibi kabul edilir toplumsal açıdan.

Biri işteki yeteneklerinizi, çabanızı, başarınızı övüp takdir ettiğinde "Ne demek canım, rica ederim, işim bu" diye karşılık vermek ve bunu içselleştirmek bütün olumlu kazanımlarınızı yok saymak, küçümsemek, değersiz görmektir ki buna karşılık olumsuz olan her şeyin kolayca büyüyüp köklenmesi daha mümkün olur.

Mütevazı olmanın erdemiyle, olumlu bütün nitelikler sıradanlaşır, kişinin kendinde bile kabul görmez, işitilmez, onaylanmaz, hissedilmez olur. Giderek cımbızlanır, dışarı atılır ve deneyimlenmez hale gelir.

O halde olmayan olumsuzlukları, gerçekleşmediği halde gerçekleşmesi muhtemel terslikleri, ifade edilmediği halde sessizce içeriden kabul edilip onaylanan olumsuz düşünceleri alıp kabul etmek, onaylamak neden daha gerçekçi kabul edilsin ki?

Olan olumlu yaklaşımları cımbızlayıp dışarı atmak, olmayan olumsuzlukları olmuş gibi onaylayıp içselleştirmek "mantıklı" ve "gerçekçi" sayılabilir mi?

Sayılamaz değil mi?

O halde bu zihinsel manipülasyona bir son vermek, gayet yerinde bir seçim olmaz mı?

Tabii ki olur.

Hayatınızdaki olumlu deneyimleri kabullenin. Övgüyü, teşekkürü, iltifatı ve takdiri geri çevirmeyin, önemsizleştirmeyin.

"Teşekkür ederim" sözüne verdiğiniz karşılık "Hiç önemli değil" ise yarattığınız olumlu etkinin sizin açınızdan ne anlamı kalmıştır ki artık?

"Tebrik ederim" sözüne verdiğiniz karşılık "Zaten işim bu, başkası da olsa aynı şeyi yapardı" ise başarınızı, becerinizi, çabanızı ve gücünüzü kendi elinizle değersizleştirmiş olmaz mısınız? Böylece takdir edilmediğiniz, değer görmediğiniz, hak ettiğinizi kazanamadığınız şikâyetlerinin ortaya çıkabilmesi için lazım gelen bütün uygun koşullar var ediliyordur zaten. Kendinizi işinizle ilgili mutsuz hissetmeniz an meselesine dönüşür artık.

"Çok şıksınız, çok hoş görünüyorsunuz, bugün ne güzelsiniz" iltifatına karşılık olarak "Yok canım size öyle geliyor" diyorsanız, kendi zihninize çelme takıyorsunuzdur. Zihninizin, sizin hakkınızda olumlu örüntüler kurmasına izin vermiyorsunuzdur. Olumlu deneyimleri cımbızlayarak dışarı attığınızda zihninizin olumlu örüntüler kurmak için elinde pek de malzemesi kalmaz.

İşinizde başarılı olduğunuza, emek verdiğinize, bu uğurda çok çalıştığınıza, hakkınızı kazandığınıza, yetenekli olduğunuza, iyi ürettiğinize, iyi göründüğünüze, iyi görünmek için kendinize zaman ayırdığınıza, şıklığı ve hoşluğu önemsediğinize, çünkü zaten bunu hak ettiğinize zihninizi bile ikna etmemeyi başarabiliyorsanız başkalarını zaten ikna edemezsiniz.

Bu yüzden hayatınızdaki hiçbir olumluyu cımbızlayıp dışarı atarak hükümsüzleştirmeyin, değersizleştirmeyin.

Bir olumluyu zihinsel manipülasyonla yıkıcı bir olumsuza dönüştürebilme becerisine sahiptir beyniniz.

Değerli bir mutluluğu, asılsız bir hüzne dönüştürebilir.

Diyelim ki o gün onurlandırıldınız yaptığınız işlerle ilgili. Tebrik edildiniz, başarılarınızın devamı dilendi. Siz de erdemli bir tavır sergilemiş görünmek uğruna öğrendiğiniz mütevazılıkla "Yok canım rica ederim, ne önemi var bunların, kim olsa aynı emeği verirdi" diyerek ve bu düşüncenize zihninizi de ikna ederek onay verdiniz. Aldığınız övgüleri cımbızlayıp atıverdiniz zihninizden. Hiçbir hükmü yok, önemi yok. Başkası olsa ona da aynı şeyleri söyleyeceklerdi nasıl olsa. Her ay işyerinde birilerine teşekkür edip duruyorlar zaten. Üzerinde durup gururlanmaya değmez.

"Ne yaptım ki bu işin üzerine bir de gurur duyayım? Ben bunu zaten çok iyi yapabiliyorum" düşüncesine kapıldınız. Dolayısıyla kendinizi çok da mutlu hissetmediniz. Alelade bir gün işte. Tıpkı diğer bütün işgünleri gibi. Ne var ki akşam saatlerinde ekip toplanıp yemeğe gitti. Sizi davet etmediler. Dışlandığınızı düşündünüz. Kimse sizinle aynı ortamda bulunmak bile istemiyor. Burada hiç arkadaşınız olmadığına inandınız. Herkesin ikiyüzlü, çıkarcı profesyoneller olduğuna hükmettiniz. Edilen teşekkürün de hiçbir anlamı yok bu yüzden. Hepsi sahte. Hepsi yapmacık bir motivasyon. "Daha çok çalışayım diye kurgulanmış samimiyetsiz bir tören" diye düşündünüz. Kırgın, üzgün, mutsuzsunuz. Canınız çok sıkıldı. Gerildiniz. Eve dönüp sinir krizleri geçirdiniz. Başınız ağrıdı yemek bile yiyemediniz. Zorla uyumaya çalıştınız. Ertesi gün işe bile gitmek istemiyorsunuz. Kimsenin yüzüne bakmak bile gelmiyor içinizden.

Yüzünüzden düşen bin parça. İsteksizce oturdunuz masanıza ve bir iş arkadaşınız gelip dünkü yemeğe neden katılmadığınızı sordu size. Meğer onlar da sizin ekiple birlikte olmak istemediğiniz düşüncesine kapılmış. Ekibi küçümsediğinizi, kendinizi fazla önemsediğinizi, başarılarınızdan dolayı kibirle arkadaşlarınızdan bilinçli şekilde uzaklaştığınızı düşünmüşler. Oysa siz yemek daveti mailini görmemişsiniz. Rezervasyonunuzu ve ödemenizi önden yaptırmadığınız için davette yeriniz yokmuş. Keşke maillerinizi dikkatli kontrol etseymişsiniz. Halbuki ne kadar da eğlenecektiniz arkadaşlarınızla birlikte.

Bu örnekte somut olan deneyim aldığınız övgülerdi aslında. Başarınız takdir edildi ve kutlandı. Ne var ki siz herkesin gözü önünde uluorta, açıkça yaşanan bir deneyimi yok sayarak, görmezden gelerek işteki başarınızı değersizleştirdiniz.

Öte yandan öyle başarılı bir tahmincilik oyunu oynadınız ki üzerinize yok. Kimse sizinle birlikte olmak istemediği için yemeğe davet etmemiş. Düşünün ki iş arkadaşlarınızın gözünde ne kadar da can sıkıcı bir tipsiniz. Bütün o teşekkürler, törenler hep daha çok çalışmanız için organize edilen samimiyetsiz buluşmalarmış. Oysa sadece davet mailini görmemişsiniz. Arkadaşlarınız sizden daha başarılı tahmincilik oyunları oynayabiliyormuş ki sizin kibirli davranıp uzak durmayı tercih ettiğinizi düşünmüşler.

Ne yazık ki siz bütün geceyi kötü geçirdiniz. Yemek bile yiyemediniz. Başınız ağrıdı ve uyuyamadınız bile. Canınız işe gelmek istemedi. Kendinizi yorgun ve mutsuz hissediyordunuz.

Başarınız küçük bir törenle tebrik edildiği için açıkça bir mutluluk yaşamak yerine, aslında olmayan, hiç gerçekleşmemiş, yani bir anlamda gerçekdışı bile sayılabilecek yersiz bir hüzne ve üzüntüye kapıldınız.

Zihninizin sizi nasıl maniple edecek güce ve beceriye sahip bir mekanizma olduğunu görebiliyor musunuz?

Olan mutluluğu yaşamak yerine aslında olmayan bir mutsuzluğu yaşamaya ikna edilebiliyorsunuz.

Bu manipülasyonun içindeyken, sevgiden söz edilebilir mi?

Tabii ki edilemez.

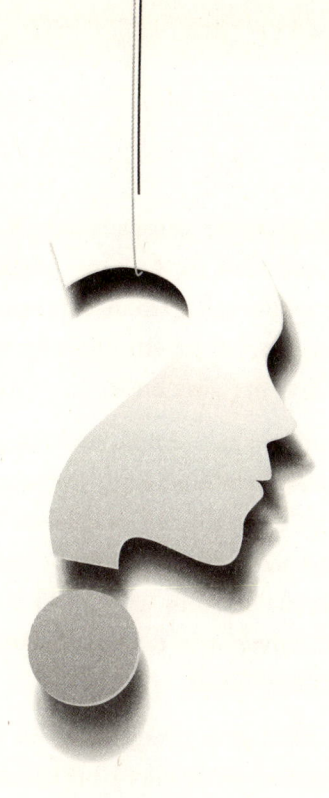

Test:

*Gözlerim Hatalara
ve Risklere Doğuştan
Odaklı Gibi*

SORU 1:

Uzun yıllardır bir işyerinde çalışıyorsunuz. Kazancınızdan da memnunsunuz, koşullardan da. Çalışma arkadaşlarınızı da çok seviyorsunuz, patronunuzu da. Lakin hayalinizdeki iş bu değil aslında. Şartlar izin verseydi turistik bir sahil kasabasında butik bir otel açardınız. Tam size göre bir iş.

Odaların dekorasyonunu bile yapmışsınız hayalinizde. Duvarların renklerinden dolapların modeline, etrafı süsleyen tablolardan konuklarınıza ikram edeceğiniz ev reçellerine kadar her şey en canlı haliyle yaşıyor sizde. Ne var ki hayat başka bir işte uzun yıllar çalışmak zorunda bırakmış sizi. Üstelik iyi kötü burada da epey yol almışsınız. Emeğinizin farkında herkes. Hem seviliyorsunuz hem de kazanıyorsunuz.

Ama bir gün bir arkadaşınız çıkageldi ve bir sahil kasabasında butik otele dönüştürülebilecek küçük bir konaktan söz etti. Tam da hayalinizdeki gibi bir yer. İçiniz içinize sığmadı. Heyecandan kan ter içinde kaldınız. Kiralık vereceklermiş. İşletmesini isterseniz alabilirmişsiniz. Bu konuda arkadaşınız elinizden geleni yapacakmış ama bir karar vermeniz lazım tabii.

Yıllardır çalıştığınız hatta artı ustalaştığınız bir işi kıdem tazminatınızla birlikte bırakıp daha önce hiç yapmadığınız bambaşka bir işe soyunacaksınız. Haliyle aklınız karıştı.

Bir yanda profesyonel işiniz, kıdeminiz ve deneyimleriniz var, diğer yanda hayaliniz. Evet, otelcilikte daha acemi, bilgisiz ve yalnızsınız. Düşünün bakalım, ne karar vereceksiniz?

a) Her ne kadar başarılı olduğum ve iyi kazandığım bir işi yapıyor olsam da sonuçta hayalimdeki iş değil. Elime geçen fırsatı tabii ki değerlendiririm. Kendimi yeni işime adadığımda zaten her şeyi en kısa zamanda kavrarım. Bu konuda yardım istemekten de çekinmem. İstifa edip, hayalimdeki işi hayata geçirmek üzere kolları sıvardım.

b) Katiyen istifa etmeyi düşünmem. Sonuçta ustalaştığım iş sayesinde hayatımı idame ettirebiliyorum. Bu işi ve kıdemimi gözden çıkaramam. Ancak diğer taraftan hayalimdeki işi de elimin tersiyle itmek istemem. Bir şekilde onunla da ilgilenirim. Mümkünse ikisini aynı anda idare etmenin bir yolunu ararım. Yeni işte başarısız olursam diğer işim devam ediyor olur.

c) Hayaller başka, hayatlar başka. Keşke hayalimdeki işi yapabiliyor olsaydım ama maalesef mümkün değil. Para kazanmak ve güvenli bir hayat sürmek zorundayım. Bugünkü konforlu yaşamımı başarılı olup olamayacağımdan emin olmadığım bir iş için riske atamam. Her ne kadar hayalimdeki iş bile olsa, istifa edip bir kasabaya gidemem. Bugün kazandığım parayı orada kazanma şansını bulamayabilirim, otelcilik alanında fazlasıyla amatörüm.

SORU 2:

Çocukluğunuzdan beri bir arada olduğunuz, çok sevdiğiniz bir arkadaşınız var. Gerçekten şanslısınız. Bunca yıldır ne ayrı düştünüz ne de koptunuz birbirinizden. Okul hayatı, iş hayatı, şehir değiştirmeler, yeni sevgililer derken bile ayrılmadınız hiç. O size her şeyini anlatır, siz ona her şeyinizi hiç çekinmeden anlatırsınız. Kimsenin kimseden saklı gizlisi yok. Üstelik çok da güveniyorsunuz. Ona güvenmeyeceksiniz de kime güveneceksiniz?

Derken bir gün arkadaşınız sevgilisiyle evlenmeye karar verdiğini söyledi. Hayatının geri kalanını onunla geçirmek istiyormuş. Ay çok sevindiniz! Havalara uçtunuz! Onun mutluluğu sizin de mutluluğunuz ne de olsa.

Ama bir süre sonra fark ettiniz ki sanki bu kez araya bir mesafe giriyor. Artık eskisi kadar sizinle değil. Bazen aklına bile gelmediğiniz oluyor. Çünkü onun artık başka öncelikleri ve başka yaşam kaygıları var. Ziyanı yok diye düşünüyorsunuz. Mutlu olsun yeter ki.

Gel zaman git zaman arkadaşınızın, nişanlısına kendini fazla kaptırdığını hissetmeye başlıyorsunuz. Sanki bütün dünyası o. Ayrıca bir de duydunuz ki nişanlısıyla sizin hakkınızda da konuşmuş. Hatta aranızdaki bir sırrı bile öğrenmiş nişanlısı.

Kafanız allak bullak oluyor bir anda. Tamam hayati bir sır değil belki, ucunda ölüm de yok ama yine de ikinizin arasındaki bir şeyin üçüncü kişiye gitmiş olması sizi sarsıyor.

Arkadaşınızla ilgili oturup konuşmanın zamanı geldi diye düşünüyor olabilirsiniz artık. Bundan sonrası için ilişkinize nasıl yön verirdiniz?

a) Tabii ki onun artık bir hayat arkadaşı var. Bundan sonra hiçbir şeyi gizlemek istemeyecektir müstakbel eşinden. Aralarında hiçbir konuda gizli saklı olamaz, kabul. Ama ne olursa olsun ben çocukluğundan beri hayatındayım. Bana, aramızdaki sırlar konusunda ayrıca değer vermesini beklerdim. Müstakbel eşine sırrımı vermiş olmasını katiyen affetmem. Bir daha eskisi gibi olmamız mümkün değil. Benim için artık o eski bir dosttur.

b) Sırrımı müstakbel eşine anlatmış olmasının katiyen üzerinde durmam. Sonuçta o benim çocukluk arkadaşım. Birbirimizi çok iyi tanıyoruz. Ona güvenim tamdır. O ne anlattıysa, ne söylediyse vardır bir bildiği. Aramızdaki konuları müstakbel eşine anlatabildiğine göre demek ona da çok güveniyor. Çok şanslıyız ki güvenebileceğimiz biri daha var artık hayatımızda.

c) Eski dostluğumuzun hatırına görüşmeye devam ederim ama artık ona duyduğum güven tamamen sarsıldı. Geçmişte beni ne kadar koruyup kolladığının hiçbir önemi kalmadı. Bir hatasıyla bütün artılarını sildi, yok etti. Artık ona güvenmem mümkün değil. Eski günlerin hatırına görüşmeye devam ettiğim, eskisi gibi her şeyimi paylaşamasam da sevdiğim bir arkadaş olarak kalır hayatımda.

SORU 3:

Bu yaşa kadar neler yaşadınız kim bilir. Yazsanız roman olur belki. Çocukluğunuzdan beri aklınızda kalan hatta belki aklınızdan hiç çıkmayan şeyler de vardır zihninizin arşivinde kuşkusuz. Kayıplar, kazançlar, iyi günler, kötü günler, hüzünler, neşeler, başarılar, başarısızlıklar. Hayatınızın hiçbir anı boş geçmemiş aslında.

İlle bir şeyleri hatırlamaya ya da unutmaya çalışmadan, hatırlamıyormuş gibi yapmadan olan biteni geçirin aklınızdan bakalım neler düşecek önünüze? Dilerseniz çıkarın eski albümleri. Tek tek bakın bakalım eski yüzlere, neler hatırlatacaklar size? Varsa eski günlüklerin kapağını açın. Hayatınız hatırladığınız gibi miymiş, düşünün.

a) Geçmişe baktığımda görüyorum ki aslında çok mutlu, keyifli, güzel bir hayat yaşamışım. Ne olursa olsun hayatım her şeye rağmen kazançla, başarıyla, sağlıkla, sevdiklerimle, mutlulukla dolu.

b) Eski resimlere, yaşadıklarıma ve günlüğüme bakıyorum da ne kadar zorluklarla, acı kayıplarla, hüzünle ve hayal kırıklıklarıyla dolu. Mutlulukla hatırlayabildiğim çok az şey var. Hep mücadele etmişim, hep küllerimden doğmaya çalışmışım, sevdiklerim eksilmiş hep hayatımdan, hep küskün kalmış bir yanım.

c) Hayat böyle bir şey işte. Acılar da olmuş mutluluklar da. Kayıplar da olmuş kazançlar da. Gidenler de olmuş kalanlar da. Belki zorluklarla ve hayal kırıklıklarıyla dolu ama neticede yine de güzel, mutlu ve sağlıklı bir hayatım var işte.

SORU 4:

Aksilik bu ya, gözünüz gibi baktığınız, o çok sevdiğiniz evinizi su bastı. Hem de öyle böyle değil, hasar çok büyük. Eyvah eyvah! Nasıl kalkacaksınız bakalım bu işin altından? Neyse ki cana bir şey olmadı. Herkes sağlıklı sıhhatli. Ama eşyalarınızın hepsi zarar gördü. Halılar, mobilyalar, yeni yaptırdığınız parkeler, beyaz eşyalar hep çöp oldu. Hatta yatağın altındaki hasır kutuda sakladığınız eski resimler, anısı olan küçük eşyalar, yıllardır sakladığınız kıymetli hediyeler. Hepsi gitti. Hiçbiri kurtarılamaz artık. Uğradığınız maddi hasara mı yanacaksınız, değerli manevi kayıplarınıza mı? Bu kaza hayli sarstı sizi. Daha önce bu boyutta maddi manevi bir kayıp yaşamamıştınız. Karmakarışık hisler içindesiniz. Ne yapacağınızı bilemiyorsunuz. Bu olaydan geriye ne kalırdı sizde?

a) Kimsenin canına bir şey olmadığı için şükrederdim. Maddi kayıpların hiçbir önemi yok. Her şeyi taksitle yeniden yavaş yavaş alırım, öderim, sorun değil. İş ki sağlık olsun. Kaybettiğim fotoğraflara, anılara, manevi değeri olan hediyelere de üzülmem. Sonuçta hâlâ anı biriktirecek kadar ömrüm var, hayatımda sevdiklerim var. Madem eski anıları kaybettim, o halde ben de mümkün mertebe tatlı güzel anılar biriktirmeye gayret ederim. Önemli olan can sağlığı.

b) Bütün pahalı eşyalarımı kaybettim, üstelik üzerine anılarım da, manevi değeri olan birikimlerim de gitti. Bu üstesinden kolayca gelebileceğim bir şey değil. Bir daha o evin kapısını açmak istemem. Hemen taşınır giderim. Sanırım uzun süre su baskını korkusu ya da sahip olduklarımı kaybetme korkusu yaşarım ister istemez. Ne olursa olsun bu bir travma. Hiçbir şey olmamış gibi yapamam.

c) Bir süre hiçbir şey yapmak istemiyorum. Ne yeni eşyalar almaya hazırım ne de yeni bir ev bulup baştan aşağı döşemeye hevesim var. Bu ev için elimi bile kaldırmak istemiyorum. Yaşadıklarımı sindirmeye ihtiyacım var. Kendimi toparlamam lazım. Sevdiklerimin desteğiyle bunu yapabilirim.

Değerlendirme:

a'lar çoğunluktaysa:

Hayatınızda olumluyu görmek konusunda hayli yetenekli olduğunuzu söylemek mümkün. Aman bu güçlü yönünüzü koruyun. Sahip olduklarına odaklanan, elindekilerin kıymetini bilen, elindekilerle yol almaya cesaret gösteren yönünüz sayesinde daha sağlıklı ve mutlu bir yaşam inşa etme ihtimaliniz her zaman hep çok daha yüksek.

b'ler çoğunluktaysa:

Hayatınızda her şey yolundayken bile sevincinizi, şükranınızı ve coşkunuzu "ne olur ne olmaz" duygusuyla dizginlemeye çalışmanız, yaşamı neredeyse yaşanılabilir olmaktan bile çıkarır. Zihniniz çoğunlukla olumsuza odaklı, gözleriniz kusurları, hataları ve eksikleri daha çabuk seçiyor. Bu size zorluklara karşı mücadele refleksi kazandırmaz. Bilakis kendi kendinize zorluklar icat etmeye başlarsınız ki hayatın getirdiği olumsuz sürprizlere karşı kendinizi daha savunmasız hissetme olasılığı artar. Bu konuda profesyonel destek almaktan çekinmeyin.

c'ler çoğunluktaysa:

Zihniniz her ne kadar olumsuzu seçmeye meyilli olsa da bunun farkında olup koşulları değiştirmeye çalışmanız çok değerli. Yine de kaygan bir zemin üzerinde durduğunuzu söylemekte fayda var. Her an olumsuzluğa, kaygıya, karamsarlığa, kuşkuya, özgüvensizliğe, değersizlik hissine, kaybetme korkusuna kapılmanız an meselesi. Bazen iyi, huzurlu ve güçlü ama çok zaman kaygılı ve mutsuz olmak dengede bir yaşam sürdüğünüz anlamına gelmez. Hayatınıza sevgiyi almalısınız.

Kitap boyunca sözü edilen beklentisiz, alışverişsiz, koşulsuz sevgiyi, diğer bir deyişle emek, bilgi ve öğrenmek gerektiren sevgiyi iyi anlamanız sizin açınızdan çok kıymetli olacak.

BİR KUSURLU SEVME BİÇİMİ HİKÂYESİ-III

Günlerdir evden dışarı çıkmadı Nilgün. Ajanstan aldığı üç haftalık yıllık iznini Mete'yle baş başa, deniz kenarında bir otelde geçirmeyi planlamıştı bu yaz ama hiçbir şey umduğu gibi gitmiyordu son zamanlarda. Her şey üst üste geliyordu sanki. Boğulduğunu hissediyordu artık. Ne yaparsa yapsın düşünmekten alıkoyamıyordu kendini. Mete sahiden de kendi müzik gruplarında vokalistlik yapan o kızla birlikte olmuş muydu?

Nasıl emin olabilirdi ki bundan?

Mete her şeyi inkâr ediyordu ama kız hiç çekinmeden her şeyi olduğu gibi anlatıyordu uluorta. Nilgün'ü aramaya cüret edecek kadar gemi azıya almıştı belli ki. Mete'nin 20 bin lirayla bara geldiği gece, sabaha kadar birlikte olduklarını iddia ediyordu.

Kızın bütün bunları hırsından ve kıskançlığından yaptığını söylüyordu Mete. Katiyen birlikte olmamışlardı. Hatta o gece aynı ortamda bile bulunmamışlardı. Yanında para olduğunu da muhtemelen bardaki çocuklardan işitmiş olmalıydı. Anlattığına göre kız epeydir peşindeymiş. Beklentileri varmış Mete'den. Saplantılı bir tutkuyla peşinde dolanıp durduğunu ama ne olursa olsun ona hiçbir şekilde karşılık vermediğini anlatıyordu Mete, Nilgün'e.

İkisi de mümkündü sonuçta.

Mete sahiden de kızı geri çevirdiği için karışmış olabilirdi ortalık. Saplantılı bir âşığın hezeyanlarından ibaret olabilirdi bütün bu yaşananlar. Reddedilmenin öfkesiyle ve hırsla Nilgün'ü arayıp asılsız şeyler sarf etmiş olabilirdi kız.

Ama olmayabilirdi de. İkisi de mümkün. İkisi de akla yatkın. Belki söylediği her sözde haklıydı kız. Belki eksiği vardı fazlası yoktu. Belki artık canına tak ettiği için Nilgün'ü arayıp kendi cephesinde Mete'yle ilgili gizli saklı yaşananları duyurmak istemişti ona. Olamaz mı?

Olabilir.

Mete de belki durumu kurtarmak için su içer gibi kolayca yalanlar sarf ediyordu Nilgün'e.

Nasıl çıkacaklardı bu işin içinden bilemiyordu.

Keşke kız yalan söylüyor olsaydı.

Bir haftadır evde yalnızdı Nilgün. Telefonunu kapamış, herkesle iletişimi kesmiş, yalnızlığa gömülmüştü. Düşünüp duruyordu ama bir karara varamıyordu bir türlü.

Mete birkaç defa evin kapısına dayandıysa da Nilgün her defasında henüz buna hazır olmadığını, yalnız kalmak istediğini söyleyip geri çevirmişti. Mete'nin yüzünü gördüğü an, dayanılmaz bir öfke yükseliyordu Nilgün'ün içinden. O kızla birlikte olmuş olabileceğini düşünmek bile çıldırtıcıydı. Bu kıskançlık hissiyle nasıl başa çıkabileceği hakkında en ufak bir fikri yoktu. Şimdilik görüşmemek en iyisiydi sanki.

Serdar dışında içini rahatlıkla dökebileceği başka kimsesi olmadığını düşünüyordu. Tarifsiz bir boşlukta sürükleniyordu sanki. Kız arkadaşlarına derdini dökmek gelmiyordu içinden. Ona acıyarak bakmalarından kaçınıyordu belki de.

Serdar'dan başkasıyla paylaşamazdı başına gelenleri. Ne var ki günlerdir ulaşamıyordu ona da. Eşiyle birlikte tatile çıkmış olmalıydılar. Yoksa muhakkak dönerdi çağrılarına. Aslında ne olursa olsun bu kadar ısrarlı şekilde arayan bir dostuna dönmesi gerekirdi diye yakındı Nilgün, kendi kendine.

"Ben olsaydım mutlaka geri arardım" diye düşündü. "Değil tatilde cehennemde bile olsam ihmal etmezdim dostumu. Bu kadarı da bencillik. Ayıp hatta."

Birkaç kez daha aradı ama cevap vermedi Serdar. Kızgın mıydı acaba Nilgün'e? Belki de bunalıyordu artık dertlerini dinlemekten. Yine de ona çok ihtiyacı olduğunu düşünüyordu Nilgün. Israrla aramaya devam etti Serdar'ı.

Ne olursa olsun konuşmalıydı onunla. Arkadaşlıklar böyle günlerde belli olurdu. Derdi sırasında ulaşamadığı biriyle nasıl dost kalacaktı ki bundan sonra? Serdar'ın bir an evvel ortaya çıkması ve dostluğunu göstermesi gerekiyordu Nilgün'e. "Ben senin dostunum" demekle olmuyordu. Dostluğunu göstermesi de gerekiyordu.

Dayanamayıp uzun mesajlar atmaya başladı Nilgün. Mete'yle çözemedikleri bir sorunları olduğunu, aldatıldığını, daha doğrusu bundan bir türlü emin olamadığını ancak on gündür Mete'yi eve almadığını yazıp yolladı.

Sadece bir iki saat geçmişti ki telefonu çaldı Nilgün'ün. Serdar arıyordu.

"İyi misin Nilgün?" diye sordu kaygılı bir sesle. "Sağlığın yerinde mi?"

Serdar'ın bu içtenlikli ilgisinden memnun olmuştu Nilgün. Başına bir iş gelmiş olabileceğinden korkunca nasıl da hemen çıkıveriyordu ortaya. Gerçek dost işte. Ama madem gerçek dosttu da neden günlerdir cevap vermiyordu telefonlarına?

Nilgün, önünü alamadığı bir öfkeyle bağırıp çağırmaya başlamıştı Serdar'a. Yaşadıklarının hırsını ondan çıkarmak istercesine, ağzına geleni sıraladı.

"Defalarca aradım seni ama dönmedin!" diye çıkıştı. "Çağrılarımı gördüğün halde aramıyorsun. Bir sorunum olabileceğini, sana ihtiyacım olabileceğini düşünmüyorsun. Dostlar her zaman birbirinin yanında olmalı."

"Eşimle tatildeyim" dedi Serdar. "Zamanımı ailemle geçirmek istiyorum. Hiç kimseyle görüşmüyorum. Dönünceye kadar da aramazdım ama sorunların olduğunu yazınca çok endişelendim. Hemen döndüm. Yapabileceğim bir şey var mı?"

"Ben tatilde olsaydım ilk çağrını görür görmez arardım seni" dedi Nilgün sesi titreyerek. Uzun uzadıya dostluklardan, arkadaşlıklardan söz edip ilişkilerin nasıl olması gerektiğini anlatıp durdu.

Nilgün'ün düşüncesinde arkadaşlar her an ulaşılabilir olmalıydı. Aksi halde çok da arkadaşlık ediyor sayılmazlardı. Müsait olunca ulaşılır olmak, program değişince ulaşılmaz olmak bencillikmiş ona göre.

Telefona cevap vermek gerektiği konusunda Serdar'ı uzun uzadıya eleştirip yargıladıktan sonra Mete'yle yaşananları anlattı bir çırpıda. İki gözü iki çeşme ağlıyordu.

Aldatılmayı kabullenemiyordu Nilgün. Sosyal medyada kızın fotoğrafını gördükçe öfke nöbetleri yaşıyordu. Yaz tatilini evde dört duvarın arasında bir başına ağlayarak geçirmek haksızlıktı. Günlerdir bilgisayarın başında yazı yazmaya çalışıyordu ama aklını veremiyordu bir türlü. Yayınevinin istediği değişiklikleri yapmaya karar vermişti sonunda, ne olursa olsun kitabını bastırmak istiyordu ama beceremiyordu işte. Ağlamaktan hiçbir şey yapamıyordu. Film bile izleyemediğini söyledi.

Mete'yi nankörlükle suçluyordu sürekli.

"Yıllardır ben bakıyorum ona!" dedi. "Nankörün teki işte. Nasıl yapar bunu bana? Hak etmedim ben böyle bir şeyi. Hak etmedim!" diye yakınıyordu sürekli.

Serdar'ın telkinlerine kulak bile asmıyordu aslında. Ağzına geleni söyleyebiliyor olmak dışında bir şeye ihtiyacı yoktu sanki. Serdar'ın aklı da kendine kalsındı.

Saatlerce telefonda konuşup ağladıktan sonra her sözünde ne kadar haklı olduğunu duymak istedi Serdar'dan. Fedakârlıklarının karşılığı bu olmamalıydı ama değil mi? Mete'nin o vokalist kızla birlikte olduğundan tamamen emindi aslında. Kızın yalan söylediği açıklaması zihninden tamamen silinmişti neredeyse. Nilgün, aldatılmamış olabileceği ihtimalini hiç gerçekçi bulmamış zaten aslında.

"Hiç akıl verme bana Serdar" dedi. "Sadece haklı olup olmadığımı söyle yeter."

"Sen akıllı bir kadınsın" dedi Serdar. "Burada önemli olan haklıyı haksızı aramak değil. Önemli olan senin iyi olman. Bu kadar üzülüp yıpranmanı istemiyorum. Kendini toparla. Tatilini eve kapanarak geçirme. Dilersen yanımıza gel. İlişkilerde suçlu ya da suçsuz aramıyorum ben. Kimin doğru kimin yalan söylediğinin peşine düşmem. Hiçbir şey bilmiyorum. Dolayısıyla bilmediğim şeylerle ilgili konuşamam. Ama sen bundan sonra ne yapmak istediğine karar verebilirsin. Mutlu olacağın bir seçim yap lütfen."

Serdar'dan beklediği onayı alamamak yeni bir sinir krizine sürüklemişti Nilgün'ü. Ağlamaya başlamıştı birden. Ağzına geleni söylüyordu. Haklılığının onaylanmaması, haksızlığının bir ifadesi anlamına geliyordu sanki.

"Evet Nilgün, sen bunu hak etmedin. O adam bir nankör. Sen haklısın. Gerçekten seni hak etmiyor."

İşitmek istediği tek söz buydu.

Kıskançlık alevine biraz da olsa su serpmek mümkün olabilecekti bu sözü işitmiş olabilseydi ama Serdar ihtiyacı olan şeyi vermemişti ona.

"Ayrılmaya karar verdim" dedi. "Eşyalarını bile toplamasına izin vermeyeceğim. Tamamen sileceğim onu hayatımdan."

"Nasıl istersen..." dedi Serdar. "Kendin için doğru olanı sen bulacaksın."

"Ben de onun müzik grubundaki çocuklardan biriyle birlikte olsam ne olur acaba?" diye devam etti Nilgün. "Aklını kaçırır sanırım. Delirir. Bence bu daha iyi."

"Senin için doğru olduğuna inandığın şey bu mu yani?"

"Sence hangisi daha doğru Serdar? Onu tamamen engellemek mi? Bir daha ulaşamasın bana, konuşamadan ayrılırsak iyice çılgına döner."

"Onu değil, kendini düşün" dedi Serdar. "Sen ne yapmak istiyorsun? Hangisi sana iyi hissettirecek?"

"Bilmiyorum!" diye bağırdı Nilgün. "Sana soruyorum işte hangisini yapayım diye."

Serdar'ın karşılık vermesini beklemeden, ağlayarak kapattı telefonu. Çok kızgındı kendine onu aradığı için. Ne yazık ki konuşacak başka kimse de yoktu hayatında. Aslında sadece Serdar'ın doğru ve samimi konuşacağından emin olduğu için aramakta ısrar etmişti fakat bunu kendine bile itiraf edebilecek cesarette değildi henüz.

Geceyi sosyal medyada eski erkek arkadaşlarının şu sıralar neler yaptıklarını gözleyerek geçirdi Nilgün ama bir sonuca varamadı. Bunu neden yaptığını bile bilmiyordu. Hepsi kendi dünyasına çekilmiş, hayatlarını yaşıyorlardı. Her biri iyi kötü bir düzen tutturmuştu işte. Ama mutlu ama mutsuz. Neden bakıyordu onlara? Ne önemi vardı bütün bunların? "Çok saçma!" dedi. "Deliriyorum ben."

Sonra o vokalist kızın peşine düştü. Bütün fotoğraflarına tek tek bakıyor, giyim kuşamından makyajına kadar, ojelerinden saçının tellerine kadar her şeyini sinir bozucu bir dikkatle, kendini yıpratarak inceliyordu. Giderek kontrolünü yitirme noktasına geliyordu farkında olmadan. Kızın kapısına dayanıp üzerine yürümesi an meselesiydi ya da Mete'yi bulup canını yakabilirdi. Yaşadığı kıskançlığı dizginlenemez bir boyuta çekiştirdiğinin hem farkında gibiydi hem de bunun içinde öfke kadar lezzetli bir tat bulduğundan dolayı kendini dizginlemek istemiyor gibiydi de.

Yine de daha ne kadar dayanabilirdi ki bu öfke krizlerine ve çaresizliğine?

Kitabının başına oturdu sonra yine. Elinden geldiğince odaklanıp yayınevinin istediği düzeltileri girmeye çalıştı ama beceremedi. Ne olursa olsun, bu kitabı o yayınevinden bastıracaktı. Hemen bir randevu daha alacak, gerekiyorsa kitabı baştan yazacak, kim ne derse desin hezeyana kapılmayacak, ne gerekiyorsa her şeyi olduğu gibi harfiyen yerine getirecekti ve memleketin en büyük yayıncılarından biri olan o yayınevine verecekti kitabını. Butik bir kurum aramak fikrinden çoktan vazgeçmişti. Nilgün, gösterişli ve iddialı olanı yapmak zorunda hissediyordu kendini.

Ne yazık ki son birkaç gündür sürekli uyumaya başlamıştı. Tek satır yazacak gücü bulamamıştı kendinde. İki haftadır ne pencereleri açmıştı ne de dışarı çıkmıştı.

Mesaj attığı eski sevgililerinden hiçbiri geri dönmemişti. Sosyal medyadan yazıştığı gençler, Nilgün'ün yaşını öğrenince engellemişlerdi onu. Kimsede geçici bile olsa bir damla teselli bulamamıştı günlerdir.

Mete'ye yıllardır baktığı yetmemiş gibi bir de aldatılarak aşağılanmıştı da kendi gözünde ama yine de onsuz olamayacağına karar vermişti günler sonra. Daha fazla dayanamayacaktı bu boşluğa. Her şey anlamını yitirmişti Mete olmadığında. İnsan derdine âşık olur muydu? Kim bilir... Belki de dert çekmek bile bir yaşam belirtisi sayılabilirdi, hayata anlam katan bir güce belki bir nedene dönüşebilirdi.

Hiç düşünmeden Mete'nin telefondaki engelini kaldırıp bastı numarasına. Çok geçmeden açıldı telefon.

"Bu akşam dön evine..." dedi. "Konuşalım."

"Tamam..." dedi Mete. "Konuşalım."

Yaşanan bütün sorunların kendinden kaynaklandığına hükmetmişti Nilgün. Günlerce, gecelerce ölçüp tartmış, her şeyi düşünmüş, olanı biteni muhakeme etmiş ve sonunda her şeyin tek suçlusu ilan etmişti kendini.

"Benim yüzümden..." diye düşünüyordu. "Her şeye hep ben neden oldum. Mete'nin ne suçu var ki? Ben Mete'yi tek başına hareket edemeyecek kadar âcizleştirdim. Onun için yaptığım her şeyi başına kaktım. Harcadığım paraları, verdiğim emeği, her şeyi bir pazarlık unsuruna çevirdim. Kendime borçlu çıkardım onu. İradesini yok ettim. Güçsüz düşürdüm onu. Nefes alamaz hale getirdim. Küçülttüm. Değersizleştirdim. Aşağıladım. Ezdim. Kendini güçlü bir erkek gibi hissetmiyor artık benim yanımda. Kaybettiği erkeklik gücünü kendine kanıtlamak için gidip birlikte oldu o zavallı vokalist kızla. Çırpınıştan başka bir şey değil bu. Bir erkeğin, kendine erkekliğini kanıtlama çırpınışı sadece. Hiçbir anlamı yok. Bu bir ihanet bile sayılmaz. Acınası bir mücadele."

Nilgün bundan sonra Mete'nin başına kakmadan devam edecekti ona hizmet etmeye. Ona maddi manevi sahip çıkacak, ihtiyaçlarını giderecek, tertemiz bakacak, elinden geldiğince konforunu sağlayacak, yedirip, içirip, giydirecekti. Keyifle gitar çalabilsin diye var gücüyle çalışıp bakacaktı ona. Kitabını yazacak, kazandığı her kuruşu yine ilişkisini ayakta tutmak adına Mete'ye harcamaya devam edecekti.

Mete de o gece eve döndüğünde vokalist kızla birlikte olduğu iddiasını sonuna kadar reddetmeye karar vermişti. Ancak Nilgün'ün kadınlık onurunu da toparlayacaktı. Şimdilik hiçbir kadının yanında rahat ve mutlu olamayacağının farkındaydı. Bir gecelik öfke ya da eğlence yüzünden Nilgün'ü kaybetmeyi göze alamazdı. Onun yanında mutuydu. Stressiz, huzurlu ve rahat bir hayat yaşıyordu. Nilgün'e eskisi gibi biraz daha ilgi ve şefkat gösterdiğinde, kadınlığını onore ettiğinde, o tasasız, tatlı hayatlarına geri dönebileceklerine inanıyordu ki öyle de oldu.

> **"**
>
> Sadece cesurlar sevebilir,
> korkaklarsa âşık olup tutsaklığı
> tercih ederler.
>
> **"**

KAYBETME KORKUSU
BİR SEVME KUSURUDUR

Kaybetme korkusunun temelleri erken çocukluk yıllarına dek dayanıyor. Sahip oldukları potansiyelle tanıştırılmayan, her isteği yerine getirilen, kendi çabasıyla edinmeyi ya da kazanmayı öğrenmeyen, teşvik edilmeyen, özgüveni desteklenmeyen çocuklar anne babalarına bağımlılık geliştirirler ki bağımlılık duygusu beraberinde kaybetme korkusunu da geliştirir. Sahip olduklarını kaybetme korkusu, diğer bir yönüyle kaybettiklerinin boşluğunu dolduramamak, onlarsız hayatın devam edemeyeceği, onlarsız kişinin kendi becerilerinin bir işe yaramayacağı kaygısıdır.

Yalnızlığını sevmeyen, kendiyle sağlıklı ve verimli bir hayat sürdürmeyi bilmeyenlerde kaybetme korkusu değişkenlik gösteren derecelerde de olsa varlığını hissettirir.

Her yönüyle kendine yetebilen, kendiyle mutlu ve özgüveni tam olan insan özgürdür ve sevgi özgür olanların tam anlamıyla deneyimleyebildiği eşsiz bir etkidir.

Bu noktada Nilgün ve Mete'nin ilişkilerinde geliştirdikleri çaresiz bağımlılığa yakından bakacak olursak her ikisinin de özgür iradeleriyle kendilerine birer tutsaklık süreci satın aldıklarını söyleyebiliriz aslında.

Nilgün, sürekli vermek üzerine inşa ettiği bağımlı ilişkinin yerine başka bir bağımlı ilişki modeli yerleştiremeyince, eski sevgililerinden ya da etrafındaki alternatiflerden birini bu boşluğa Mete'deki kadar güçlü bir doyumla hayatına alamayınca daha yüksek bir kaybetme korkusuyla yüzleşti.

Mete'nin ihanetini bile kendini suçlayarak meşrulaştırdı içinde. Kendini suçlayarak Mete'nin ihanetinin bir kadına âşık olmak anlamına gelmediğini, bilakis bir erkeğin erkekliğini kanıtlama hezeyanları olduğu düşüncesine ikna etti zihnini.

Mete'nin yerine başka bir bağımlılık ilişkisi geliştirebilseydi muhtemelen aldatıldığı için sevgilisini terk ettiği ve bunda da haklı olduğu düşüncesini besliyor olacaktı kendine karşı.

Aynı şekilde sürekli almak üzerine inşa edilmiş başka bir bağımlı kişilik olarak hikâyenin içinde karşımıza çıkan Mete de, sürekli alabileceği başka bir ilişkiye henüz sahip olmadığı için Nilgün'ü geri almak üzere döndü eve.

İkisinin de bağımlı ilişkisi, başka ve daha güçlü bağımlı ilişkiler buluncaya dek şimdilik bir sürüncemeye terk edilmiş oldu.

Burada sevgiden söz etmek mümkün müdür?

Tutsaklığın ve bağımlılığın olduğu hiçbir yerde sevgiden söz edilemez. Birbirinden kopamıyormuş gibi görünen, sözde birbirlerine çok düşkün oldukları için "romantik" bile sayılabilecek bu çift arasında, esaretten ve ıstıraptan başka bir şey yok aslında.

Özgürlük, çiftlerin dilediği kişilerle dilediği hayatı yaşaması ve her şeye rağmen birbirlerine katlanmaya devam etmesi değildir.

Özgürlük, sevgiyi kendinde tam ve bütün olarak başkasına ihtiyaç duymadan yaşayabiliyor olmaktır. Kendine emek ve zaman veren, yalnızlığının içinde de kuvvetli bir sevgi ve tatmin bulabilen insan, birini severken de onun sevgisine sahip olmayı, satın almayı, üstlenmeyi ve bu yolda karşılıklı bir bağlılık anlaşması yapmayı düşünmez bile. Buna ihtiyacı yoktur çünkü. Sadece sever. Sevmeyi öğrenmek için emek verir, zaman ayırır. Kaybetmekten korkmaz. Çünkü sevgi nesnesine bağımlı değildir özgürce seven kişi. Sevgi nesnesi bir gün bir sebepten dolayı hayatında olmadığında boşluğa düşmez, bu boşluğu neyle dolduracağının kaygısı içinde debelenmez. Sevmeye devam eder. Çünkü o bir bağımlı değildir. Yoksunluk duymaz. Sevgi nesnesiyle karşılıklı birbirlerini sevme anlaşması da yapmadığı için ihanete uğramış, aldatılmış hissetmez.

Özgürce seven, sadece sever. Bağımlılık ve kaybetme korkusuyla ilişki kuranlarsa "Beni seversen seni severim, bana sadık olursan sana sadık olurum, beni mutlu edersen seni mutlu ederim..." şartıyla bir esaret ve bağımlılık anlaşması yaparlar. Sevilmemek korkusuyla sevmeye gayret etmek, kaybetme korkusuyla suiistimale göz yummak, sevgiyi deneyimlemek, sevgiyi yaşamak değildir.

Özgür olan, sevilmek karşılığında sevmek için çabalamaz, sadece sever. Bu yüzden de mutludur.

Mutlu insan, kendi olabilme cesaretini gösterendir. Yaşama katılandır. Sahnenin kenarında durup "Acaba şimdi neler olacak?" diye hayatı izleyen kişi olmayı reddedendir. O hayatının mimarı olmayı seçendir. En azından buna talip olandır. Tentenin altına sığınmamıştır. Yağmurun ortasındadır. Islanmayı, kurumayı, üşümeyi, terlemeyi göze alandır.

Kimseye benzemek gayreti içinde değildir, dayatılanı gerçekliği kılmaya çalışmıyordur, "Hayatımda artık bir şeyler olsun da ben de mutlu olayım" demiyordur. O zaten bir şeyler yapıyordur. "Biri beni sevse de benim de mutlu bir ilişkim olsa" beklentisinin esamisi bile okunmaz. Zaten mutlu insan beklenti içinde olamaz, o inşa edendir çünkü. Seven insan, biri tarafından sevilmenin ve onu sevmenin eksikliğini görmez, yaşamaz, hissetmez. Bir ilişkinin ona verebileceği her şeyi zaten kendi başına da var edebiliyordur. Özgür olan kişi, bir bağımlılık ilişkisi yaşamaz. Sevgiyi yaşar.

Dolayısıyla kaybetme korkusu, bağımlılık ve bağlılık duygularını geliştirirken, sevme duygusu özgürlük ve özgüven verir.

"Pek çok insan diğer insanlara ve onların sevgisine sahip olma eğilimindedir. Oysa ilişki ya da sevgi yaşayan bir süreçtir, nesne değil. Dolayısıyla sevgi, beraberliğe yaşam katabilmeyi ve canlılığını artırabilmeyi içerir. Sevgiye sahip olabileceği umudunu taşıyan insan ona sahip olduğunu sandığı anda boşluğa düşer ve sahip olabileceği yeni şeyler arar. Yaşayan süreçlere sahip olmak istemenin o süreci yok ettiğini göremediği için de bu böylece sürer gider.

Sahip olma eğilimi insan doğasının kalıtsal bir parçasıdır ama insan sahip olduğu şeylerle birlikte yaşayarak bunu bir sürece dönüştürebilir. Oysa bazı insanlar sahip oldukları şeylerle ya da diğer insanlarla birlikte yaşayacakları yerde onları seyrederler. Kiminin evinde yıllardır kullanılmayan ve vitrinde saklanan fincan ya da tabak takımları bulunur, kimiyse beraberliklerinde diğer insanları yalnızca izler, katılmaz ve katmaz.

Dünyada iki tür insan vardır; yaşayanlar ve yaşayanları izleyip eleştirenler. Seyretmek ölümü, katılmak ise yaşamı simgeler.

Yaşamak, kendisi olabilmeyi ve yaşama etkin bir biçimde katılabilmeyi tanımlar. Bu insanın kendi sorumluluğunu bir başka deyişle, hayatına anlam katma sorumluluğunu içerir. Sorumluluğunu üstlenen kişi özgürdür. Özgür insan daha az korkar, onun için sevebilir!"[4]

---

4. *İnsan Olmak*, Engin Geçtan, Metis Yayınları, 2003

"

Kaybetme korkusu, birini çok
sevmekten değil, kendini hiç
sevmemektendir.

"

Özgüven, temelleri çocukluk yıllarında atılan kuvvetli bir kişilik özelliğidir. Özgüven eksikliği, gerçek sevginin hayat boyu hiç deneyimlenememiş olmasına bile neden olur. Sevgi sanılan birtakım hislere bağımlılık geliştirmeye yol açar.

Çocukluk yıllarından itibaren hayatın tehlikelerle, risklerle ve kayıplarla dolu olduğunu öğrenen, etrafındakilere güvenmemesi gerektiği düşüncesini benimseyen kişi, zaman içinde kimseye güven duymamaya başlar. Ailesine ya da seçtiği kişilere bağımlılık geliştirir. Kendini bu bağımlı duygunun içinde tam ve güvende hisseder. Çünkü dışarısı ve başkaları her zaman tehlikelidir onun için. Dolayısıyla güvenli alanını kaybetme korkusu, bağımlılığının bir sonucu olarak ortaya çıkar zamanla. Peşinden de takıntılar (obsesyon) gelişir. Obsesyonlarının çoğu, bağımlılık geliştirdiği kişileri ve durumları korumak arzusundan da kaynaklanır. Oysa günün sonunda kaybetme korkusu da bir düşünce hatasıdır. Sebebi, kişinin "onlarsız" kendini değersiz, eksik, yetersiz, başarısız ve mutsuz olacağına zihnen ikna etmiş olmasıdır.

SEVGİ VE ONAY BAĞIMLILIĞI

Örnek hikâyedeki kahramanımız Nilgün'ün göze çarpan belirgin özelliklerinden biri sevgiye ve onaya bağımlı oluşudur.

Mete'nin ihanetine uğradıktan sonra günlerce kimseyle konuşmadan zorla evde durup beklemeyi göze alıyor ama buna karşılık hiçbir kız arkadaşını arayıp dertleşmeye cesaret edemiyor. Ne olursa olsun Serdar'a ulaşıp sadece onunla konuşmayı bekliyor. Kız arkadaşlarının içten içe ona acıyacaklarını, arkasından ileri geri konuşacaklarını düşünüyor muhtemelen. Mete'ye karşı gösterdiği fazla vericiliğin, fedakârlığın aslında bir acziyet olduğu yönünde kendi aralarında sohbet edecek olmaları, çok daha gerçekçi ve dürüst bir yorum olacaktır belki ama Nilgün yine de ketum Serdar'ın ağzından cımbızla da olsa ihtiyacı olanı almanın peşinde. Serdar ne kadar samimi olsa da Nilgün'ün yüzüne aşırı verici tavrıyla ve fedakârlıklarıyla acziyete sürüklendiğini söylemez. Hatta biraz zorlarsa sevdiği için Nilgün'ü onaylar bile.

Nilgün, sevgi ve onay beklentisi içinde olduğunun elbette farkında bile değil ve yine farkında olmadan ihtiyacını ona verebilecek insanlar seçiyor hayatına. İhtiyacını karşılamayacak olanları da sezgisel olarak uzaklaştırıyor kendinden.

Tarafsız bir gözlemci olarak Nilgün karakterine baktığımızda sevgi ve onay ihtiyacının aslında size de ne kadar tanıdık geldiğini görebiliyorsunuz değil mi?

Sevgi onayı, kişinin başkaları tarafından sevilmediğinde kendini değersiz, yetersiz, eksik ve sorunlu olduğunu düşünmesinden dolayı "ihtiyaç" olarak ortaya çıkan bir durumdur ki yine hatalı bir düşünce biçimi olduğunu söylemek gerekir.

Kimsenin sizi seviyor olmasına ihtiyacınız yok!

Sevgi onayı almaya ihtiyaç duymak, hatalı bir düşünce şeklinin sonucudur sadece. Bir travma değildir ama travmaya dönüşmesi mümkündür.

Bu yüzden bilişsel açıdan bu meseleye yaklaşıp çözmek çok yerinde bir seçim olacaktır.

Birinin sizi seviyor olmasından dolayı kendinizi daha değerli, daha güçlü ve daha mutlu hissedeceğinize zihninizi ikna etmeyi başardıysanız, o halde konuya bir de şu açıdan bakın. Aynı şekilde azılı bir suçlu sizi seviyor olsaydı da kendinizi değerli, mutlu ve güçlü hisseder miydiniz?

Etmezdiniz.

Neden?

Çünkü azılı bir suçlunun sevgi onayı kriterlerinizin ya da şablonunuzun dışında. Siz aslında kendinize bir değer biçtiniz ve bu değeri onaylaması için de birini görevlendirdiniz kendinizce. Ancak o seçtiğiniz kişinin onayını aldığınızda kendinize biçtiğiniz değeri kendinize de kabul ettirebileceksiniz.

Sizce mantıklı bir hareket mi bu?

Değil gibi görünüyor değil mi?

Kendinize biçtiğiniz değeri kendinize kabul ettirebilmek için meseleye bir kayyum atıyorsunuz adeta.

Ne kadar lüzumsuz.

Ne kadar hatalı bir düşünce şekli.

Kendi mutluluğunuz, değeriniz, gücünüz, yeterliliğiniz ve motivasyonunuz başkasının iki dudağının arasından çıkacak ya da çıkmayacak olan sözlerin yaratacağı kadere terk edilmiş olamaz ama değil mi, olmamalı ya da?

Başkalarının iltifatları başınızı döndürüyorsa, aldığınız onaylayıcı ve destekleyici motivasyonlarla kendi değerinize ve gücünüze ikna oluyorsanız, doğal olarak başkalarının eleştirileri bu anlamda bütün dengelerinizi altüst ediyordur.

Sizi ilgilendiren hiçbir konuda dış faktörlere ya da kaynaklara bağlı kalmamaya özen gösterin. Bunu bilinçli şekilde ele alıp üzerinde durun. Zaman içinde iyileşeceğini umduğunuz bir rahatsızlıkmış gibi bakmayın meseleye. Üstüne düşün, önemseyin, çekiştirin.

Ne kadar dışa bağımlısınız?

Dışarının onayına neden ihtiyaç duyuyorsunuz?

Kendinizi hangi alanda neden onaylamıyorsunuz ki bunu sizin adınıza başkaları yapsın istiyorsunuz?

Önce siz kendinizi onaylayın. Kendinizi destekleyin. Hiçbir açıdan artık dışarıya bağımlı olmadığınızı fark ettiğinizde özgürsünüzdür. İşte ancak o zaman sevgiyi olduğu haliyle, tüm eşsizliğiyle deneyimleyebilmeniz mümkündür.

Sevgi bağımlılığı bir noktada fedakârlığı da beraberinde getirecektir. Kendini feda ederek, hem başkalarının nazarında hem de kendi içdünyasında kişinin "sevgi" ihtiyacını onaylama arzusudur fedakârlık.

Fedakârlıklarda bulunarak sevilebilir biri olduğunu önce kendine onaylatır kişi. Karşılığında nankörlük gördüğündeyse değeri bilinmeyen gizli ve kıymetli bir kahraman dönüşür yine kendi nazarında. Nankörlük eden herkes aşağılık, kendi mağdur ama sevilmeye layık bir kahramandır artık.

Sevgide fedakârlık yoktur. Ne fedakârlık beklentisi söz konusudur sevgide ne de fedakârlık gösterileri.

99

Olgun olmayan aşk şöyle der: Seni seviyorum çünkü sana ihtiyacım var. Olgun aşk ise şöyle söyler: Sana ihtiyacım var çünkü seni seviyorum.

– Erich Fromm

99

YAPTIRIMLI DÜŞÜNCE

"Erkekler, hayatındaki kadının maddi manevi bütün ihtiyaçlarını karşılamalı."

"Arkadaş dediğin günün yirmi dört saati ulaşılabilir olmalı."

"Ben özen gösteriyorsam o da göstermeli."

"Kadınlar sokakta sigara içmemeli."

"Çağrılarıma cevap vermeli."

"Mesajlarıma dönüp cevap yazmalı. Ben uzun yazıyorsam o da uzun yazmalı."

"Benden habersiz kimse benim ofis masamı kullanmamalı."

"Ona bir şey aldıysa bana da almalı."

"Güneş her sabah yedide doğmalı."

"Dünya bazen soldan sağa da dönmeli."

Görüldüğü üzere yaptırımlı düşüncede sınır yok!

Bu böyle olmalı, o öyle olmalı, şu şöyle olmalı.

Peki ya olmadığında sonuç ne oluyor?

Çoğunlukla mutsuzluk, hayal kırıklığı, duygusal hezeyan.

Dikkat edin, hayatınızda hangi konuda olursa olsun "Böyle olmalı, şöyle olmalı, öyle olmalı" dediğiniz her ne varsa, kendinizi kendi elinizle cendereye alıyorsunuzdur. Zorla bir mutsuzluk ve hayal kırıklığı deneyimi var etmeye çalışıyorsunuzdur.

Duygusal hezeyanlara kapılmanız an meselesidir. Çünkü hiçbir şey öyle olmak, böyle olmak, şöyle olmak zorunda değildir. Olamaz da.

Hikâyede Nilgün'ün de yaptırımlı düşünceleri kuvvetli şekilde çıkıyor karşımıza.

Nilgün'e göre de yakın arkadaşlar birbirine her an ulaşabilmeli, zorla birbirlerinin derdini dinlemeli, sevgilisinin hikâyesinde yaşayan erkekler aldatmamalı, birinden uzun zamandır ses çıkmıyorsa o kişi aranmalı.

Bunlar sadece Nilgün'ü ilgilendiren, onun dışında kimsenin uymak ya da yapmak zorunda olmadığı yaptırımlar. Kurallarını kendisinin belirlediği bir düzene herkesin riayet etmesini beklemesi ne kadar mantıklı?

Hiç değil.

Bu dayanaksız ve geçersiz yaptırımların sosyal hayat içinde giderek yayılıyor olması geçersiz yaptırımları meşrulaştırmaz.

"Ben like atıyorsam o da like atmalı."

"Ben takip ediyorsam o da takip etmeli."

"Beni evden almalı, işe bırakmalı."

"Ben düşünüyorsam o da düşünmeli."

"Parası olanlar yardım kuruluşlarına bağış yapmalı."

"Ünlüler hayranlarının hakaretlerini alttan almalı."

"Seviyorsa söylemeli."

"Bittiyse açıklamalı."

"Hangisi doğru hangisi yanlış?" tartışmasının üzerinde durmuyoruz burada. Keza bu başlı başına bir sosyoloji kitabında etraflıca ele alınması gereken büyük bir konu. Buradaki hassas nokta hayatınızda ne kadar çok yaptırımlı düşünce varsa, mutsuzluğun da o derece artmaya devam edecek olması.

Ne kadar çok "O öyle olmalı, bu böyle olmalı, şu şöyle olmalı" diyorsanız o kadar çok beklenti yaratırsınız ki "beklenti" hayal kırıklığı ve duygusal hezeyanların başlıca nedenlerinden biri sayılabilir.

Nilgün'ün Serdar'a karşı yaptırımlı düşüncelerini okumak bile fazlasıyla yorucu değil miydi mesela?

Arkadaş dediğin yirmi dört saat ulaşılabilir olmalı ve şartlar ne olursa olsun arkadaş arkadaşın derdini dinlemeli.

Serdar'ın, Nilgün'ün bu ihtiyacını karşılayamadığı için maruz kaldığı sitem, arkadaşlığı ne kadar da yıpratıyor oysa değil mi?

Siz de Serdar'ın her an "Ama yeter artık, benden buraya kadar!" demesini beklemediniz mi?

Tam da "Buraya kadar!" zaten. Serdar ve Nilgün arasında sağlıklı bir arkadaşlık ilişkisi olmadığı aşikâr. İletişimlerinin kopması ise an meselesi. Ne şekilde olur, ne kadar sürer, daha mı az görüşürler, hiç mi görüşmezler, Serdar daha mı mesafeli olur, Nilgün daha mı dikkatli davranır bilemeyiz ama her durumda bu arkadaşlığın irtifa kaybettiğini söylemek mümkün.

"Yaptırım" özgürlüğü kısıtlamaktır. Üstelik kendi özgürlüğünü kısıtlamaktır. "Gelmeli, yapmalı, etmeli, düşünmeli, halletmeli, çözmeli, ilgilenmeli, uğraşmalı, çalışmalı" dediğiniz her noktada kendi mutluluğunuzun sınırlarını daraltırsınız. Özgürce mutlu olma hakkınızı ihlal etmiş olursunuz.

Size göre "gelmelidir" ama gelmediğinde artık mutsuzsunuzdur. Size göre "yapmalıdır" ama yapmadığında artık mutsuzsunuzdur. Size göre "söylememelidir" ama söylediğinde artık kırgınsınızdır, hayal kırıklığına uğramışsınızdır. Yaptırımlı düşüncelerinizden ne kadar uzaklaşırsanız, o kadar mutlu ve iyi hissedersiniz. Mutlu haliniz, dışarıdaki hiçbir koşula bağlı değildir.

Nilgün'e göre sevgilisinin maddi himayesinde yaşayan erkekler aldatmamalıdır. Aldatıldığında mutsuz oldu. Kıskançlık duygusuyla baş edemedi. Nilgün'de sağlıklı bir sevgi söz konusu olsaydı aldatılmaması gerektiği için mutsuz olmazdı. Kaybetme korkusuyla baş edemediği için ihaneti hoş görme çabasına da girmezdi. Sevgilisinin başkalarıyla birlikte olduğunu öğrendiğinde konuyu kişiselleştirmeden, kendini suçlamadan ya da bir suçlu bile aramadan, sonlandırırdı ilişkisini. Üzülür müydü Mete'den ayrıldığı için?

Üzülürdü.

Üzülmenin bir sakıncası var mı?

Hayır yok.

Üzüntü doğal bir süreçtir. Anksiyete ya da depresyon değildir. Yeri gelmişken "üzülmek" meselesiyle ilgili çokça yapılan düşünce hatalarından birini de düzeltelim.

"Sevgilimden ayrıldığım için üzgünüm" doğal bir reaksiyon, beklenen bir duygusal tepkidir.

"Sevgilim olmadan ben yaşayamam, ölürüm, ben onunla varım bu hayatta!" düşüncesi saplantılıdır, hatalıdır, bozuktur.

İlki doğal ikincisi tehlikelidir. İkincisinin depresyona, takıntıya ya da anksiyeteye dönüşme riski vardır.

KENDİNİ VEYA BAŞKALARINI SUÇLAMAK

Kendini veya başkalarını suçlamak; dağlardan çağlayıp gelen ve kendine yeni yollar açarak ilerleyen bir nehri, kendi etrafında dönüp duran hırçın bir girdaba dönüştürmekten farksızdır.

Elbette siz de hatalar yapma özgürlüğüne sahipsiniz, elbette herkes hatalar yapma özgürlüğüne sahip.

Hatalar; istemsizce, hesaplamadan, kurgulamadan, düşünmeden, belki çoğu zaman irade dışında cereyan eder. Aksi halde o bir "hata" değil "suç" olur zira.

Dolayısıyla hata hatadır. Suç da suç. Hatalardan dolayı suçlanmak da mümkündür tabii.

Küçücük bir dikkatsizliğiniz ya da hatanız yüzünden birinin hayatına ya da sağlığına mal olacak sonuçlara yol açtığınızda elbette yasalar karşısında sorgulanırsınız ki orada da cereyan eden olayın ardında irade dışı bir hata mı, planlı bir suç mu olduğu sonucu fazlasıyla etkiler.

Dolayısıyla hatalarınız konusunda ya da başkalarının hataları konusunda adil olmak, suçlayıcı olmamak değerli bir yaklaşım olacaktır.

Kendinizi veya başkalarını sürekli "suçlamak" hayatın olağan akışını sekteye uğratacaktır. Orada bir yoğunluk ve tıkanıklık yaşanacaktır ki bu tıkanıklığın süreci orada bir travma ya da depresyon yaşanması olasılığını bile artıracaktır. Hatanız olsa bile, kendinizi o konuda sürekli suçlama eğilimi içinde olmayın. Olanı görün, hatanızı fark edin, önleminizi alın ve hayatın olağan akışında çağlayıp gitmesine izin verin. O noktada durup birtakım tortuların ya da takıntıların birikmesine fırsat vermeyin. Suyun yolunu kesmeyin. Aynı şekilde başkalarını suçlayıp durmak da farklı bir sonuç yaratmayacaktır.

Kendinizi ve başkalarını sürekli suçlamaya devam ettiğiniz sürece olanı olduğu görüp değerlendirme becerinizi de yitirirsiniz. O noktada gerçeklik algınız kaybolur.

Nilgün'ün uğradığı ihanetle ilgili bile kendini suçlayıp durması, Mete'yi haklı çıkarmaya çalışması belli ki gerçeklikle ilgili algısını fazlasıyla bozmuş.

Örnek hikâyede cereyan eden kıskançlık, kaybetme korkusu ve kendini suçlama sürecinin gayet hızlı gelişip sonlanmasına bakılırsa, ikisi arasında buna benzer şeyler daha önce defalarca yaşanmıştır ki bu bağımlılık duygusu devam ettiği sürece benzer olaylar ikisi arasında yaşanmaya muhakkak devam edecektir.

Kendini suçlamak konusunda oldukça başarılı bir karaktermiş gibi görünen Nilgün, olanı olduğu gibi görüp değerlendirme becerisini tamamen kaybetmiş bu noktada. Aynı şeyleri Nilgün'ün bir arkadaşı yaşıyor olsaydı Nilgün sağlıklı ve mutlu bir sevgi ilişkisine sahip, olanı olduğu gibi görüp değerlendirme becerisini kullanarak arkadaşına ihanetin kendi suçu olmadığını, bunun kişinin kendisiyle ilgili bir mesele olduğunu açıklamaya çalışacaktı. Dolayısıyla "Bu ihanetten dolayı kendini suçlama. Ortada zaten bir suç yok. Yaşanmış bir olay var. Olay seni üzüyorsa, üzülme hakkını kullan ama ben onsuz yaşayamam saplantısına düşme. İçinde sevgi olmayan bu ilişkiyi sonlandır. İkiniz de özgür ve mutlu olun" diyecekti.

Ne var ki kaybetme korkusuyla beslenen suçluluk hissi, olanı olduğu gibi görüp değerlendirme becerisini de sekteye uğrattı Nilgün'ün. Mete'yle devam etme kararını vermekle, aslında daha mutsuz bir kadın olmayı seçmiş oldu.

Sürekli kendini suçlayan birinin, kendini onaylamayan, sevmeyen, kabullenmeyen, kendini tanımaya, anlamaya ve sevmeye zamanını ve emeğini harcamayan birinin, mutluluğundan ya da mutlu olabileceğinden söz edilemez.

"Bu benim hatamdı" demek değerli bir bilişsel beceridir. Hatayı görmek, anlamak, kabul etmek elbette çözümü hem kolaylaştıracak hem de hızlandıracaktır. Ama "Ben suçluyum, benim yüzümden, her şey benim yüzümden" demek çarpıtılmış bir düşünce şeklidir. Gerçekçi değildir. Çünkü mantıksal açıdan her şeyin tamamen sizin yüzünüzden olması mümkün değildir.

Seçtiğiniz film kötü çıktı diye bütün gecenin kötü geçiyor olmasından tek başına siz sorumlu olamazsınız. Kötü film bittiği halde konuyu bitirmeyenlerin de o süreçte payı vardır muhakkak. "Benim yüzümden berbat bir gece geçiriyor herkes. Suçlu olan benim. Hiç karışmamalıydım, sorumluluk almamalıydım. Belki o zaman bu enerjileri düşmezdi. Bu gece ayrılırlarsa benim yüzümden ayrılmış olacaklar. Bu tamamen benim hatam. Ben suçluyum, ben."

Suçlamanın dozunu artırdıkça işler karikatürize bir hal almaya bile başlıyor aslında değil mi?

Siz de "Yok artık!" demediniz mi içinizden?

"Altı üstü bir film izlediler ve film kötü çıktı diye ortamdaki sevgililer ayrılma noktasına mı geldi yani? Hadi canım. Film işin bahanesidir" düşüncesi geçmiyor mu aklınızdan?

Geçiyor.

Konuyu kısaca özetleyecek olursak, hatayı görmek önemlidir ama suçluluk sürecini dramatize etmek, düşünceyi çarpıtmaktan başka bir şey demek değildir diyebiliriz. Yaratacağı sonuç, tabii ki mutsuzluk olacaktır. Sevginin olduğu yerde suçlama yoktur, yargılama yoktur. Sadece olan vardır. Olduğu haliyle orada öylece olan. Ne iyi, ne kötü, ne doğru, ne yanlış, ne suçlu, ne masum.

Sadece olan.

Aynı şekilde başkalarını suçlamak da tıpkı onay beklemekte olduğu gibi, mutluluğunuzla ya da mutsuzluğunuzla ilgili tamamen başkalarını yani dışarıyı, dış faktörleri sorumlu tutmaktır. Oysa kimsenin ne mutluluğunuzda ne de mutsuzluğunuzda bir payı vardır. Sevgi, tamamen kendi emeğinizdir. Kendinizde var edip yaydığınız bir etkidir.

"Onun yüzünden böyle oldu, öyle yapsaydı böyle olmazdı, her şey onun hatası, o söyledi, o konuştu, o bozdu, o dağıttı, o toplamadan gitti, o aldattı, o yalan söyledi, o berbat etti, o düşünmedi, o dikkat etmedi ve ben bu yüzden mutsuzum."

Odağınızda zaten hep bir "o" varsa burada "siz"de bir mutluluk nasıl var olabilsin ki?

Üstelik onu, bunu ya da onları suçlayıp durmak, dağlardan çağlayıp gelen ve kendine yeni yollar açarak ilerleyen bir nehri, kendi etrafında dönüp duran hırçın bir girdaba dönüştürmekten farksızdır.

İzin verin, su kendini yenileyerek ve temizleyerek akıp gitsin.

KISKANÇLIK

Othello, Öldürecek Kadar Sevmişti Desdemona'yı

"Benim için akılsız ama çok seven biri deyin,
kolay kıskanmayan ama bir kere kıskandı mı
kendini kaybeden biri diye söz edin."

— Shakespeare, *Othello*

Dünyanın en iyi oyun yazarı, şair ve oyuncu olarak on altıncı yüzyıla damgasını vurmuş William Shakespeare'in *Othello* adlı oyunundaki aynı isimli meşhur karakteri, yüzyıllar sonra literatüre "Othello Sendromu" olarak girecek bir obsesyonun da sahnedeki en iyi örneklerinden biri olarak çıkar karşımıza.

Othello siyahi bir komutan olarak dahil olur hikâyeye. Çavuşu Lago ise, hikâyenin zalim ve karanlık yüzü. Kalbi kinle, nefretle ve öfkeyle dolu bir adam. Her ne kadar Othello'nun yanı başındaki çavuşu da olsa, içten içe büyük bir düşmanlık beslemektedir ona karşı. Çünkü Othello, yaveri olarak Lago'yu değil, Cassio'yu seçmiştir. Dolayısıyla Lago'nun ikisiyle de derdi büyüktür. Othello da, Cassio da öfkesin karabulutları altında durmaktadır.

Desdemona ise Othello'nun büyük bir aşkla bağlı olduğu biricik kadınıdır. Birbirlerine tutkuyla ve sadakatle bağlıdırlar. Ne badireler atlattılar o büyük aşkları uğruna, neleri göze aldılar sevgileri için, neleri.

Desdemona'nın ırkçı babası Brabantio, kızının siyahi bir adamla evlenmesine karşı çıkar. Katiyen onaylamaz birlikte olmalarını. Desdemona çok direnir babasına. Othello'ya büyük bir aşkla vurulduğunu anlatmaya çalışır ama nafile. Babanın kulakları tıkalı, gözleri kördür bu konuda.

Bunun üzerine çaresiz Desdemona, kaçmak zorunda kalır sevdiği adama, evlenirler nihayet.

Bir zaman sonra Osmanlı-Venedik Savaşı patlak verir. Bunun üzerine Othello ile Desdemona Kıbrıs'a giderler. Bütün bunlar olurken öfke dolu Lago da boş durmuyordur elbette. Saf arkadaşı Roderigo'yu alır hemen karşısına. Başlar onu doldurmaya. Roderigo, uzaktan uzağa âşıktır Desdemona'ya. Karşılıksız bir aşkın pençesinde debelenip duruyordur. Zavallı adamı Desdemona'ya kavuşturma vaadiyle oyalayan Lago, hain planlarını çoktan koymuştur sahneye.

Yaver Cassio'nun Desdemona'ya âşık olduğu söylentisini Othello'ya ulaştırmasını ister Roderigo'dan. "Hatta beni de şahit göster" der.

Karısına delicesine âşık olan Othello önceleri inanmaz bu dedikoduya. Alçakça bir söylentidir sadece. Karısının sadakatinden ve sevgisinden emindir çünkü. Yaveri Cassio'ya da güveni tamdır. Lakin kuşku bu ya, içine bir düştü mü kemirir de kemirir insanı. Ta ki şuurunu yitirtinceye dek.

Othello, kontrol edilemez bir kıskançlık duygusunun pençesindedir artık. Lago da karısıyla yaveri arasında bir ilişki olduğu yolunda şahitlik yapınca allak bullak olur. Üstelik ikna olabileceği birtakım deliller de vardır elinde.

Öfkesi durdurulamaz bir noktaya varır Othello'nun. İkisini de öldürmekten başka bir şey yoktur artık aklında. Kendini dizginleyemiyordur bir türlü, ikna edildiği bu ihanetin altında ezilip kalmıştır.

Aşkından deli divane olduğu biricik karısını bir gece kendi yatağında boğarak öldürür Othello. Yaşadığı kıskançlığın tutsağına dönüşmüştür zamanla. Gözleri tamamen körleşmiştir. İradesi hükümsüz kalmıştır. Her şey sanki istemsizce cereyan etmektedir.

O gece ortalık iyice karışır. Lago'nun çevirdiği dolaplar anlaşıldığında iş işten çoktan geçmiştir artık. Ok yaydan fırlamıştır. Othello için bir geri dönüş yoktur. Biricik masum karısını kendi elleriyle öldürmüştür.

Acısıyla kahrolan Othello, Lago'nun da işkence edilerek öldürülmesi emrini verir ve sonunda kendi canına da kıyar.

***

Çok romantik ve hüzünlü bir aşk hikâyesi değil mi? Othello'nun bütün kıskançlığı karısına duyduğu büyük aşk yüzündenmiş gibi görünüyor ve bu da onu biraz haklı, biraz çaresiz ama her durumda karısını öldürmüş olmasına rağmen kahraman yapıyor. Hem karısının canına hem de kendi canına kıymış olsa da talihsiz bir âşık olarak görünüyor sahnede.

Oysa Othello'nun yaşadığı trajedinin hiçbir yerinde küçücük de olsa sevgi yok. Sadece obsesyon ve kaygı bozukluğu var. Hastalıklı bir kıskançlık hali. Dolayısıyla Othello romantik bir âşık da değil, aşkı uğruna ölümü göze almış bir kahraman da değil. Hasta bir adam ve kontrolden çıkan kaygı bozukluğu yüzünden karısını öldürmüş bir suçlu. Ayrıca sevgide yok etmek söz konusu bile olamaz, sadece var etmek ve yaşatmak vardır. Gerekirse kendinden uzakta, başka bir özgürlük alanında yaşamasına izin vermek, azat etmek. Sevgide takıntı, baskı ve yaptırım yoktur. Dolayısıyla sevgide sahiplenmek olmadığı için, serbest bırakma ihtiyacı da oluşmaz. Yani azat etmeye bile gerek kalmaz. Sevgi başlı başına yaşayan bir şeydir. Alınıp verilen, sahiplenilen, devredilen bir şey değil.

Othello'nun obsesyonu yaşadığı ilişkiyle bile ilgili değil, ilişkiye adapte ettiği sanrılarla ilgili. Othello'ya önerilecek tek şey obsesyonu ve kaygı bozukluğu yüzünden profesyonel bir destek alması, bilişsel tedavi görmesi gerektiği olurdu ancak.

"Seven insan kıskanır, az kıskanmak normaldir, her ilişkide kıskançlık vardır ama çok kıskanmak iyi değildir, aşırı kıskançlık bir hastalıktır" denemez.

Az kıskançlık çok kıskançlık yoktur. Azı karar çoğu zarar da olmaz. Az kıskançlıkta da çok kıskançlıkta da farklı dozlarda seyreden bir kaygı bozukluğu söz konusudur. Tabii ki profesyonel destekle, son zamanlarda çoğunlukla tavsiye edilen bilişsel terapiyle iyileştirilmesi yerinde olacaktır.

Othello'nun hikâyesinde de başlangıçta her şey yolunda gibi görünüyordu. Karısının ihanetine önce inanmadı. Sonra giderek büyüyen bir kıskançlığa kapıldı. Yaşadığı kaygı bozukluğu önü alınmadığında kontrolden çıktı ve iradesini yitirdi.

Hiçbir kıskançlığı özellikle de takıntılı kıskançlığı "Seven kıskanır!" genellemesiyle meşrulaştırmayın. Profesyonel destek almaktan çekinmeyin.

> **"**
>
> En az öfke kadar
> tatlı bir zehirdir kıskançlık.
>
> **"**

Othello Sendromu: Sanrısal Kıskançlık

Takıntılı ve kaygılı bir kıskançlık biçimidir Othello Sendromu.

Her iki taraf için de yorucu, yıpratıcı ve tehlikelidir. Othello Sendromu yaşayan kişi, sevgi nesnesi olarak seçtiği kişiyi mülkü gibi sahiplenmiştir, sözde onu korumak güdüsü yüzünden endişeli ve dikkatlidir.

Obsesyonun ve kaygı bozukluğunun ilerlediği hallerde kişi, karşı koyamadığı, engin bir şüphe denizinin azgın dalgalarına karşı yüzmeye çalışıyordur. Sürekli kuşkuludur, sürekli aldatıldığı yönünde endişelidir. Ortada kuşku duyulacak hiçbir şey olmamasına rağmen, kuruntuları sayesinde yazdığı senaryoların gerçekliğine bile ikna edebilir kendi kendini. Küçük hüsnükuruntular, kişinin acı gerçekliği haline dönüşür.

Tabii ki işin perde arkasında derin bir kaybetme korkusu ve özgüvensizlik yatıyor. Sanrısal kıskançlık yaşayanların narsistik yapıları olduğu da söylenebilir. Kaybetme korkusuna, sevilmeme, beğenilmeme, tercih edilmeme korkusu da dahildir. Bu bir anlamda benlik sevgilerini kaybetme korkusudur.

Sanrısal kıskançlık yaşayanlar, kuşkularının gerçekliğiyle bile ilgilenmezler çoğu zaman. Akıllarına gelen her şeyi gerçekleşmiş gibi kabul ederler. Hiçbir şeyin kanıtı peşinde değildirler. Çünkü her şey zaten bir kanıttır onlar açısından.

"Ben beş dakika gecikiyorum, yoldayım" demek bile Othello Sendromu yaşayan biri için aldatıldığının kanıtıdır. Üzerine yeni kanıtlar koymaya gerek bile yoktur. Sanrıların zihinsel açıdan gerçeklik kazanmaya başlamasıyla bu kişilerin saldırgan ve şiddete yatkın olmaları da söz konusu olacaktır.

Bu durumdaki kişilerin etraflarındakiler tarafından maniple edilmeleri de çok kolaydır. "Sen bilirsin" sözünü işitmeleri bile haklılıklarının onaylanması anlamına gelir.

Othello'nnun hikâyesindeki Lago karakterinin yaptığı manipülasyon büyük çabalar, komplolar, zekâ ve kurgu gerektirmeyecek kadar sıradan, basit bir söylence ortaya atmaktan ibaretti sadece. İş ki kuşkuyu bir kez sağlam yerleştirebilmek mümkün olsun zihne. Kaybetme korkusu yaşayan, özgüveniz bir kişilik, maniple olmaya hazırdır zaten.

Othello Sendromu Belirtileri

1. Sevgi nesnesini sürekli sorgulama, takip etme, kontrol etme.

2. Cep telefonunu, mesajlarını, çantasını, kişisel eşyalarını, arabasını, ceplerini karıştırma.

3. Başkalarıyla görüşmesini kısıtlama, engelleme ya da kontrol altına almaya çalışma.

4. Tepkilerini kontrol edememe.

5. Sürekli aldatıldığını düşünme, kaygı, endişe, stres içinde ve gerin olma.

6. Şiddet eğilimi ve saldırganlık.

7. Hakaret ederek karşısındakini değersizleştirme.

8. Tehdit.

9. Kendi haklılığını kanıtlamak için her sözde ve her davranışta onaylayıcı taraf arama.

Bazı uzmanlar Othello Sendromu'nun beyin lezyonlarıyla ilişkili olabileceğini yani bu sendromun fiziksel nedenler de taşıdığını iddia ediyorlar. Sanrısal kıskançlık, zaten profesyonel uzmanlar tarafından kontrol altına alınıp tedavi edilmesi gereken bir sorun. Bazı durumlarda sadece bilişsel tedavi yoluna değil, dürtü kontrolü için ilaçla tedavi yoluna yönelmek de gerekebiliyor.

"En sudan şeyler bile Tanrı kelamıdır kıskanç insana."

— Shakespeare, *Othello*

Othello Sendromu'nun Şiddetini Artıran Belli Başlı Faktörler

1. Hormonal bozukluklar.

2. Alkol.

3. Uyuşturucu ve uyarıcı maddeler.

4. Parkinson.

5. Azalan cinsel arzu.

6. Şizofreni.

7. Beyin tümörü.

8. Beyin iltihabı.

9. Bipolar bozukluk.

10. Multipl skleroz (MS)

11. Stres

"Kuşku uyandıran bir düşünce tatsız gelmez önce
Ama aslında zehirlidir, insanın kanına bir girdi mi
Yanıp tutuşur kükürt ocağı gibi."

— Shakespeare, *Othello*

SEVGİ ZANNEDİLEN ARZU

"Özel yaşamalarımızda sevgi ölçüsünde bereketli başka bir duygu yoktur; sevgi giderek doğurganlığın simgesi bile olur. Çünkü kişinin sevgisinden pek çok şey doğar; arzu, düşünce, istem, eylem.

Bununla birlikte bir tohumdan çıkan ürünler gibi sevgiden doğan bu şeylerin hepsi sevgi değildirler ama onun varlığını öngörürler. Elbette sevdiğimiz şeyi şu ya da bu biçimde isteriz de, öte yandan sevmediğimiz pek çok şeyi, bizi duygusal bakımdan hiç ilgilendirmeyen şeyleri de isteriz.

İyi bir şarabı arzulamak onu sevmek anlamına gelmez. Bir esrar tutkunu da zararlı etkileri yüzünden nefret eder ama yine de arzular esrarı.

Bununla birlikte sevgiyle arzu arasında bir ayrım gözetmek için daha sağlam ve daha ince bir neden vardır. Bir şeyi arzu etmek kuşkusuz o şeye sahip olmaya doğru ilerlemek demektir. (Sahip olmak, burada bizim bir parçamız olmasını istemek anlamındadır.) Bu nedenle arzu doyurulur doyurulmaz söner. Doyumla birlikte sona erer. Oysa sevgi sonsuza dek doyumsuz kalır.

Arzunun edilgen bir özelliği vardır. Bir şeyi arzu ettiğimde, aslında arzu ettiğim şey o nesnenin bana gelmesidir. Yerçekiminin merkezi olarak ben, her şeyin benim önüme düşmesini beklerim.

Sevgi arzunun tam tersidir. Çünkü baştan sona etkinliktir. Sevgide nesnenin bana gelmesi yerine ben nesneye giderim ve onun bir parçası olurum. Sevgi eyleminde iki kişi kendilerinin dışına çıkarlar. Belki de doğanın insana, kendisinin dışına çıkıp başka bir nesneye yönelme olanağını tanıdığı en yüce etkinliktir sevgi. O bana doğru gelmez, ben ona doğru çekilirim."[5]

Elde etme arzusuyla, sevgi aynı şey değildir. Sevgide elde etme ya da sahip olma çabası yoktur. Almak değil, vermek üzerinedir. Kaçan kovalanmaz çünkü kimse kaçma ihtiyacı duymaz.

Sevgi paylaşıldıkça çoğalır, arzuysa yaşandıkça tükenir.

Bir şeyi çok arzulamak, arzulananı elde etmek, arzu nesnesine duyulan ilgiyi azaltır, küçültür hatta belki zamanla yok eder. Ta ki yerine yeni bir arzu nesnesi gelene kadar.

Oysa sevgi yaşandıkça büyür, paylaşıldıkça artar, genişler, çoğalır, sarmalar.

Çok istediğiniz ya da çok arzuladığınız biri ya da bir şey hakkında "Çünkü onu seviyorum" derken kendinizi yakalamanız çok mümkün.

Biriyle birlikte olmayı çok arzulamanız, onu seviyor olduğunuz anlamına gelmez. Arzu, kışkırtıcı bir histir. Motivasyonu yüksektir. Muhakkak harekete geçirir. Arzu nesnesini elde

5. *Sevgi Üstüne*, José Ortega y Gasset, Yapı Kredi Yayınları, 2014, Çev. Yurdanur Salan

etmek uğruna sarf edilen çabayla, sevgiye sarf edilen emek katiyen birbirinin aynı değildir fakat çoğunlukla birbirine karıştırılır.

"Senin için işimi bıraktım, yaşadığım ülkeyi terk ettim, parasız kaldım, yeni bir hayat kurdum. Senin için kilo verdim, kılığımı kıyafetimi değiştirdim, yabancı dil öğrendim. Senin için ev aldım, araba aldım, pencerenin altında gitar çaldım, konserde evlenme teklif ettim, sevdiğin yemeği ısmarladım, hasta olduğum halde sana çorba yaptım. Senin için olmadığım biri gibi davranıyorum, yapmayacağım şeyleri yapıyorum. Senin için ben, ben olmaktan çıktım, kendim gibi değilim, artık sadece sen varsın."

Bütün bu çabalar, arzu nesnesine sahip olmak motivasyonuyla gösterilen çabalardır. Büyük çabalardan sonra elde edilen arzu nesnesine karşı ilgi kaybının yaşanması da sürpriz olmaz, çünkü sürecin doğalı budur zaten. Arzu, nesnesi, kişinin önüne düşsün diyedir. Kişi, arzu nesnesi ona gelsin diye kendi gibi olmamayı bile göze almıştır.

Oysa sevgi özgündür. Sevgide herkes ve her şey özgündür. Sevgide ben, artık ben olmaktan çıkmam. Ben gibiyimdir korkusuzca. Sevgide ben sevilmek için araba almak zorunda kalmam kimseye, ortada bir alışveriş ya da kanıt gösterme ihtiyacı yoktur zira. Sevgide ben beğenilmek için kilo vermem, kendimi onaylıyorumdur zaten. Sevgide ben olmadığım biri gibi davranmam, sevilmek için davranış geliştirmem çünkü bu ancak kaybetme korkusu ya da tercih edilmeme korkusu yaşayanların bir reaksiyonudur. Sevgide ben korkusuzumdur zaten.

Sevgi emek ister, gösteriş değil.

Emekle gösteriş arasındaki ayrımı doğru yapmak çok önemli.

"Senin için işimi bile bıraktım" gösteriştir.

"Bizim için işe başladım" emektir.

> **"**
>
> Sevgi,
> gösterişli olmadığı
> için de güçlüdür.
>
> **"**

SEVGİ NEYDİ?

Kırgız edebiyatının büyük yazarlarından Cengiz Aytmatov'un eserinden 1977'de sinemaya uyarlanan *Selvi Boylum Al Yazmalım* filmi, tabii ki beyazperdeye aktarılırken romanda okurun karşısına çıkan akışla ve önermesiyle ilgili birtakım değişimlere uğramak zorunda kalsa da Ali Özgentürk'ün düşünceli kalemi ve yönetmen Atıf Yılmaz'ın güçlü ifade becerisi sayesinde Türk sinemasının kült filmleri listesinde muhakkak üst sıralarda yer alır.

Türkân Şoray ve Kadir İnanır'ın başrollerini üstlendiği film, hikâye boyunca sevginin hem tarifini yapmaya çalışır hem de ustalıklı bir işleyişle sevginin dinamiklerini sorgular.

İstanbullu kamyon şoförü İlyas, baraj inşaatı için bir şehirden diğerine kum taşıyan, belli ki kamyonundan başka kendine "arkadaş" da edinemeyen yalnız bir adamdır. Yalnız ve bomboş bir dünyanın içinde oradan oraya savrulup durduğunun belki farkında bile değildir. İşyerinden tanıdığı insanlarla da yakın ve sıcak bir ilişkisi olmadığı aşikârdır. Çalışanlardan Dilek'le denk geldiği zamanlarda birlikte oluyor, çok da değer vermediği kaçamaklar yaşıyordur.

Ne var ki bir gün karşısına genç ve güzel bir kadın çıkar. Şahane bir arzu nesnesi. Tam da gelip önüne düşmesini istediği bir şey. Tatmin bulmadan bırakmak istemeyeceği kadar ilgi çekici.

Duyduğu arzu yüzünden öyle kolayca bırakmaz adının Asya olduğunu öğrendiği güzel kadını. Asya sahip olması gerektiğine ikna olduğu bir cazibedir. Bu uğurda vakit harcamaya değer. Hem hayatında peşine düşmek isteyeceği başka hangi güzel hedefleri vardır ki?

Asya, mükemmel bir seçimdir bu açıdan.

Kadınların gönlünü çalmak konusunda hayli becerikli bir adam olduğu belliymiş gibi görünen İlyas, Asya'nın aklını başından alır. Aşkları alev almıştır artık. Çok geçmeden evlenirler, çocukları Samet gelir dünyaya.

Ne var ki hayatta işler her zaman yolunda gitmez. Rüzgâr bazen tersine döner. İşler karışabilir. Beklenmedik şeyler olur. Tatsızlıklar yaşanır.

İlyas da bir gün "arkadaşım" dediği kamyonundan ayrılmak zorunda kalır. İşten atılır.

Sinirleri iyice bozulur. Kendini mutlu hissetmiyordur. Sıkıntıları büyüktür. Hem hayatında artık bir Asya ve bir Samet de vardır. Başını alıp nereye gitsin? Ayaklarından prangalarla bağlı olduğunu fark eder.

Kocasının haline içerleyen Asya, yuvasını korumak için gidip iş konusunda yardım ister bir ahbaplarından ama ters teper. Karısının bu çabasını küçük düşürücü, aşağılayıcı bulur İlyas. Hakarete uğramış gibi hisseder. Öfkesini bahane ederek çıkıp gider evden. Eski kaçamağı Dilek'in yanında alır soluğu. Asya hak etmiştir ne de olsa bunu. Çok da vicdan azabı çekiyor gibi değildir İlyas. Madem Asya, kocasını küçük düşürücü bir harekette bulunmuştu, o halde kocası da erkeklik gücünü onaylatmak için başka bir kadınla temas kurma ihtiyacı duyabilirdi İlyas'ın muhakemesine göre.

Kocasının başka bir kadının kollarına sığındığını öğrenen Asya, küçük Samet'i de alıp düşer yollara. Sadakatin tükendiği yerde kalmaya devam edemez artık. Kendine yeni bir hayat kurmak zorundadır. Bitti dediği yerden yeni bir hikâye başlatabilmelidir. Bu yıkımın yeniden ayağa kalkışı olabilmelidir ama nasıl?

Asya, yola düşmeden bu sorunun cevabını bilemeyecektir kuşkusuz. Hayat karşısına Cemşid'i çıkarır yolda. Ailesini kaybetmiş yaralı ve yalnız bir adam olan Cemşid, kucağındaki bebekle birlikte evine kabul eder Asya'yı. Onu önce insan olarak kabul eder ve öyle davet eder hayatına. Ne hikâyesini anlatması için zorlar onu, ne karşılık bekler, ne baskı yapar.

Çocuğuyla birlikte yardıma ihtiyacı olan bu "insan"ın başının üzerinde yeri vardır.

Asya epeyce kalır Cemşid'in yanında. İlyas'ın gelip onu bulmasını bekler. Af dileyip ayaklarına kapanmasını umar. Sadece bir kez özür dilemesi yetecektir uğradığı ihaneti affedip evine dönmesine ama öyle olmaz. İlyas hiçbir zaman onları bulmaya niyet edip karısını ve çocuğunu düştükleri çaresizliğin içinden alarak götürmez yuvasına.

Sonra bir gün Asya da vazgeçer İlyas'ı beklemekten. Çünkü artık Cemşid'in canını dişine takarak ikisini mutlu etmek için sarf ettiği emek, kaya gibi dikilir karşısına. Görmemesi mümkün değildir.

Cemşid küçük Samet'i de annesi Asya'yı da anlamak, tanımak, ihtiyaçlarını karşılamak ve onları doğru düzgün sevebilmeyi öğrenmek için hem kendine hem de onlara emek veriyordur.

Gün geçirmiyordur onlarla, geleceği de düşlüyordur ve bu uğurda çaba harcıyordur. Samet'in büyüdüğünde oynayacağı oyuncakları bile hazırdır.

Bir akşam hep birlikte yemek yedikleri sırada yaralı bir adam gelip dayanır kapılarına, yardım ister. Cemşid, hemen alır adamı içeri. Yarasını sarar. Asya karşısında kocasını görünce neye uğradığını şaşırır. İkisi de birbirlerini tanıdıklarını belli etmezler. İlyas, tıpkı hikâyenin başında olduğu gibi yine bir arzu nesnesiyle karşılaşır. Güzel bir kadın, sağlıklı ve mutlu bir çocuk, sevgi dolu bir aile babası, sıcacık, neşe dolu bir ev. İşte tam da budur sahip olmak istediği. Hepsini yine hazır bulur karşısında ve bu kez bu arzuya sürüklenir. Karısına ve çocuğuna, uğruna hiç emek vermediği sıcak ve güçlü bir yapının sahibi olmaya talip olur.

Asya, arzu nesnesine yoksunluk duyan İlyas'la, sevmeyi öğrenmek için emeğini sakınmayan Cemşid'in ortasında bulur kendini. Bir yanında arzu, diğer yanında sevgi.

Asya düşünür ve kararını verir. Emekle ve bilgiyle inşa edilmiş bir hayatı seçer, çünkü mutluluk ve huzur emekle, bilgiyle ve sevgiyle mümkündür.

Emek zordur. Kitabın ilk sayfasından bu son bölüme kadar sürekli altını çizdiğimiz gibi mutluluk emek ister, bilgi ister, eylem ister, çaba ister.

Mutluluk eylemdir.

Mutluluk bir etkinliktir.

Kendiliğinden oluşan, gelen, giden, doğan, batan, sonra yeniden doğan bir süreç değildir.

Hayatında sevgiyi var edebilen insan, mutlu insandır.

Mutluluk, ancak sevgiyle mümkündür.

Sevgi de emekle, bilgiyle ve öğrenmekle ilgilidir.

> **"**
>
> Sevgi neydi?
> Sevgi iyilikti.
> Dostluktu.
> Sevgi emekti.
>
> **"**

"Sevmek, sevilen şeye sonu gelmez bir çabayla canlılık katma, onu yaratma, isteyerek koruma eylemidir."

— José Ortega y Gasset, *Sevgi Üstüne*